Luca Franceschini

Il primato di Pietro tra chiesa latina e chiese orientali

Luca Franceschini

Il primato di Pietro tra chiesa latina e chiese orientali

Riflessione ecclesiologica sull' "unione" delle chiese dopo l'abolizione del titolo papale di "Patriarca di Occidente"

Edizioni Sant'Antonio

Imprint

Cover image: www.ingimage.com

Publisher:
Edizioni Accademiche Italiane
is a trademark of
International Book Market Service Ltd., member of OmniScriptum Publishing Group
17 Meldrum Street, Beau Bassin 71504, Mauritius

Printed at: see last page
ISBN: 978-613-8-39181-4

Il primato di Pietro tra chiesa latina e chiese orientali

Riflessione ecclesiologica sull' "unione" delle chiese dopo l'abolizione del titolo papale di "Patriarca di Occidente"

Dal 2006 ad oggi mi è capitato più volte di scrivere e discutere, anche se in modo talvolta informale e colloquiale, di un tema ecclesiologico forse collaterale, tuttavia importante per una riflessione ecumenica.

Avendo concluso, dopo quasi venticinque anni, il mio servizio di Incaricato Diocesano per l'Ecumenismo e il Dialogo Interreligioso desidero condividere la mia riflessione, le mie domande e i punti in sospeso non tanto sul rapporto tra chiesa cattolica e altre chiese quanto, all'interno della Chiesa cattolica, tra chiesa di rito latino e chiese rituali o, *sui iuris.*

Ho citato l'anno 2006 poiché in quell'anno scompare il titolo di "Patriarca d'Occidente" ne *L'Annuario Pontificio.* Leggendo il lungo elenco di titoli attribuiti al Romano Pontefice viene spontaneo pensare che nell'attuale contesto culturale sia più che opportuno uno sfoltimento tra queste attribuzioni ridondanti. La domanda che mi sono posto, tuttavia, non è tanto legata a titoli onorifici -che nessun lustro posso aggiungere a Colui che siede sulla Cattedra di Pietro- quanto al rapporto tra le chiese all'interno dell'unica Chiesa; tra l'Occidente e l'Oriente. Non che la Chiesa sia una confederazione di tante chiese diverse più o meno grandi, più o meno importanti o conosciute. Essa tuttavia si concretizza in chiese locali che hanno diversità di tradizioni canoniche, liturgiche, spirituali. Tanto più, nei secoli, questo si è dimostrato attraverso il grave scandalo delle divisioni e, per contro, nel discusso realizzarsi di movimenti di riunione con "Roma" di porzioni di chiese prima da essa separate. Chiese, queste, che hanno mantenuto il loro *"rito"* una loro certa autonomia talvolta ritenuta un diritto altre una concessione. Chiese che, regolamentate oggi dal *Codex Canonum Ecclesiarum Orientalium,* sono governate da Patriarchi o da altre figure gerarchiche che a quella patriarcale sono equiparate.

Non fui l'unico a pormi domande nel 2006 cosicché ci fu bisogno di qualche chiarimento giunto attraverso l'allora Pontificio Consiglio per l'Unità dei Cristiani che riporto per intero:

> "Ne *L'Annuario Pontificio* 2006 manca, nell'enumerazione dei titoli del Papa, il titolo «Patriarca d'Occidente». Tale assenza è stata commentata in modi diversi ed esige un chiarimento.[1] Senza la pretesa di considerare la complessa questione storica del titolo di Patriarca in tutti i suoi aspetti, si può affermare dal punto di vista storico che gli antichi Patriarcati dell'Oriente, fissati dai Concili di Costantinopoli (381) e di Calcedonia (451), erano relativi ad un territorio abbastanza chiaramente circoscritto, allorché il territorio della Sede del Vescovo di Roma rimaneva vago. In Oriente, nell'ambito del sistema ecclesiastico imperiale di Giustiniano (527–565), accanto ai quattro Patriarcati orientali (Costantinopoli, Alessandria, Antiochia e Gerusalemme), il Papa era compreso come Patriarca d'Occidente. Inversamente, Roma privilegiò l'idea delle tre sedi episcopali petrine: Roma, Alessandria ed Antiochia. Senza usare il titolo di «Patriarca d'Occidente», il IV Concilio di Costantinopoli (869–70), il IV Concilio del Laterano (1215) ed il Concilio di Firenze (1439), elencarono il Papa come il primo degli allora cinque Patriarchi. Il titolo di «Patriarca d'Occidente» fu adoperato nell'anno 642 da Papa Teodoro I. In seguito esso ricorse soltanto raramente e non ebbe un significato chiaro. La sua fioritura avvenne nel XVI e XVII secolo, nel quadro del

[1] PONTIFICIO CONSIGLIO PER LUNITA' DEI CRISTIANI, *Comunicato circa la soppressione del titolo "Patriarca d'Occidente" ne l'Annuario Pontificio.*
Il Comunicato è pubblicato sul sito ufficiale del Vaticano, www.vatican.va, quindi del tutto attendibile. Non riporta tuttavia alcuna firma né la data di pubblicazione. È reperibile all'indirizzo: http://www.vatican.va/roman_curia/pontifical_councils/chrstuni/general-docs/rc_pc_chrstuni_doc_20060322_patriarca-occidente_it.html

moltiplicarsi dei titoli del Papa; ne *L'Annuario Pontificio* esso apparve per la prima volta nel 1863.

Attualmente il significato del termine «Occidente» richiama un contesto culturale che non si riferisce soltanto all'Europa Occidentale, ma si estende dagli Stati Uniti d'America fino all'Australia e alla Nuova Zelanda, differenziandosi così da altri contesti culturali. Ovviamente tale significato del termine «Occidente» non intende descrivere un territorio ecclesiastico né esso può essere adoperato come definizione di un territorio patriarcale. Se si vuole dare al termine «Occidente» un significato applicabile al linguaggio giuridico ecclesiale, potrebbe essere compreso soltanto in riferimento alla Chiesa latina. Pertanto, il titolo «Patriarca d'Occidente» descriverebbe la speciale relazione del Vescovo di Roma a quest'ultima, e potrebbe esprimere la giurisdizione particolare del Vescovo di Roma per la Chiesa latina. Di conseguenza, il titolo «Patriarca d'Occidente», sin dall'inizio poco chiaro, nell'evolversi della storia diventava obsoleto e praticamente non più utilizzabile. Appare dunque privo di senso insistere a trascinarselo dietro. Ciò tanto più che la Chiesa cattolica con il Concilio Vaticano II ha trovato per la Chiesa latina nella forma delle Conferenze Episcopali e delle loro riunioni internazionali di Conferenze Episcopali, l'ordinamento canonico adeguato alle necessità di oggi. Tralasciare il titolo di «Patriarca d'Occidente» non cambia chiaramente nulla al riconoscimento, tanto solennemente dichiarato dal Concilio Vaticano II, delle antiche Chiese patriarcali (*Lumen Gentium* 23). Ancor meno tale soppressione può voler dire che essa sottintende nuove rivendicazioni. La rinuncia a detto titolo vuole esprimere un realismo storico e teologico e, allo stesso tempo, essere la rinuncia ad una pretesa, rinuncia che potrebbe essere di giovamento al dialogo ecumenico."

Non è mia intenzione entrare nelle questioni storiche e accolgo il chiarimento nel suo intento di togliere ogni dubbio di eventuali nascoste rivendicazioni nonché di giustificare come la situazione attuale faccia apparire obsoleto il "titolo" e non rispondente alla reale situazione ecclesiale dell'Occidente latino. Il testo stesso evoca il particolare rapporto che il Vescovo di Roma ha con la Chiesa latina; lo evoca, descrive alcune particolarità di questo rito ma non risolve il dilemma di fondo.

Nel Concilio Vaticano II a lungo di Padri discussero sulla Chiesa arrivando ad una chiara e sofferta affermazione: "Questa è l'unica Chiesa di Cristo, che nel Simbolo professiamo una, santa, cattolica e apostolica (...). Questa Chiesa, in questo mondo costituita e organizzata come società, sussiste nella Chiesa cattolica, governata dal successore di Pietro e dai vescovi in comunione con lui" (Lumen Gentium 8). Dopo aver affermato che la Chiesa di Cristo *sussiste nella Chiesa cattolica* e non che *è la Chiesa cattolica,* sarebbe paradossale -come purtroppo in qualche modo appare- affermare di fatto che la Chiesa cattolica *è la chiesa latina* o sussiste nella Chiesa latina mentre le altre chiese sono tali per concessione, per riunione con la chiesa di Roma che, di fatto, è la chiesa latina.

Che cosa distingue la chiesa latina dalle altre chiese rituali? Il fatto che è in tutto il mondo? Non sono ormai in tutto il mondo fedeli ortodossi di diverse tradizioni e fedeli cattolici appartenenti a "riti" diversi? Non può tuttavia essere una semplice questione numerica, anche perché i numeri nel tempo possono cambiare, né di estensione territoriale poiché la questione del "territorio canonico" è oggi in crisi tanto quanto molte altre strutture giuridiche. Né si può semplicemente addurre la questione della suddivisione dell'Occidente sulla base di Conferenze Episcopali sia perché vi sono nazioni nelle quali sono presenti cristiani latini ma non hanno una vera e propria Conferenza Episcopale sia perché nella Conferenza Episcopale partecipano anche i gerarchi delle Chiese di rito diverso a quello latino.

È vero piuttosto il contrario: pur nella diffusione in una moltitudine di paesi e con un certo adattamento alle diverse tradizioni, la chiesa di tradizione latina ha un unico Codice di Diritto Canonico, un unico Messale pur con minimi adattamenti alle situazioni locali. E potremmo continuare.

La vera differenza tra la chiesa latina e le altre chiese *sui iuris* attualmente sta prevalentemente – a mio giudizio – nella differenza numerica che può creare e certamente ha creato in passato l'idea che la Chiesa cattolica sia prevalentemente la chiesa latina. Inoltre è evidente che la chiesa latina è -di fatto- la chiesa del Papa e Roma -almeno in un certo senso- prima di tutto centro dell'occidente latino. Non a caso le altre chiese sono tornate ad essere in comunione con la Chiesa cattolica attraverso il procedimento dell'*Unione* forse eccessivamente percepito come un ritorno all'occidente, a Roma, al mondo latino che dunque viene in qualche modo prima; gli altri vi si aggiungono e arrivano dopo.

È, quello dell'Unione un tema che non è stato del tutto chiarito dal punto di vista ecclesiologico al punto che, mi sento di affermarlo per la mia pur limitata esperienza, difficilmente le grandi chiese ortodosse accetterebbero di essere in comunione con la Chiesa di Roma alle condizioni ecclesiologiche con cui oggi le chiese *sui iuris* stanno nella Chiesa cattolica.

Addentrandoci nella storia troviamo, con rare eccezioni di particolare lungimiranza, una grave difficoltà a distinguere ciò che è della Chiesa di Roma in quanto è latina rispetto a quanto è della Chiesa di Roma in quanto presiede nella carità a tutte le chiese del mondo.

Per questo ritengo che il titolo di Patriarca d'Occidente offrisse almeno uno spiraglio -per il legame di questo titolo alla chiesa latina- che con la sua abolizione è andato perduto non avendo sufficientemente chiarito e approntato uno strumento ecclesiologico che risolva i dubbi espressi.

Non potremmo forse pensare che anche la chiesa latina sia una delle chiese *sui iuris* che rendono visibile nel tempo e nei luoghi in cui si vive e ci celebra la Chiesa di Cristo?

Non ho una risposta e questa domanda mi sembra persino troppo ardita, tuttavia non vedo strade diverse per chiarire in modo univoco la questione di fondo di cui stiamo trattando.

Se è vero che l'esistenza nella Chiesa cattolica di chiese *sui iuris* in ambito orientale non comporta automaticamente l'esistenza di una chiesa *sui iuris* nel mondo latino certamente non condivido l'affermazione secondo cui "la *Ecclesia latina* (...) non costituisce un solo insieme organico distinto dalla *Ecclesia catholica*"e non vi è nulla "che la renda in qualche modo organicamente e globalmente distinta dalla *Ecclesia catholica simpliciter dicta*"[2]

Non potendo accettare che la chiesa latina sia pensata come la chiesa *Cattolica* per eccellenza, ho voluto rileggere e di seguito riproporre un piccolo studio che feci in età più giovanile stampato nel 2001 dal Centro Studi della Cattedrale di Massa. Sicuramente potrebbe essere approfondito e aggiornato; offre tuttavia spunti sufficienti per una prima riflessione e per una migliore comprensione di alcuni aspetti della storia nonché del mio pensiero.

---

[2] N. Bux e A. Garuti, *Pietro ama e unisce. La responsabilità personale del papa per la Chiesa universale,* Bologna 2006, p. 113

L' *"unione"* nell'evoluzione ecclesiologica dal Concilio di Firenze al Concilio Vaticano II

INTRODUZIONE

Il tema dell'*unione* è tornato recentemente all'attenzione dell'opinione pubblica a seguito della caduta del Muro di Berlino e al riemergere delle chiese *unite* dalla clandestinità durante la quale si sosteneva fossero scomparse o addirittura mai esistite. La visita del S.Padre Giovanni Paolo II in Ucraina, iniziata il 23 luglio 2001, ha mostrato al mondo intero la vitalità e la dignità di queste chiese come altre e più di altre segnate dal martirio. Più volte il Pontefice aveva ribadito l'importanza ecumenica e storica di queste chiese di tradizione orientale in comunione con la Sede di Roma. Nella Lettera Apostolica scritta in occasione dei 350 anni dell'*unione* di Uzhorod (1646) il Papa, parlando di questo storico avvenimento, ricorda come "non fu un gesto isolato. Esso si inseriva in quel cammino di riunificazione tra le chiese che aveva avuto il suo momento culminante nel Concilio di Firenze, quando furono sottoscritti i decreti della ristabilita piena comunione delle chiese dell'Oriente con la Chiesa di Roma. Fu infatti il glorioso Metropolita Isidoro di Kyiv, al suo ritorno dal Concilio di Firenze, a farsi araldo nelle regioni dei Carpazi della ritrovata unità piena".[3] Esaminando il percorso che da Firenze porta all'*unione* di Brest nel 1596 e quindi a quella di Uzhorod nei Carpazi il Pontefice coglie, proprio in questo cammino, il segno evangelico del granello di senapa che, seminato, si sviluppa in un albero alla cui ombra innumerevoli fedeli di tradizione bizantina si radunarono.

La storia iniziale di queste comunità *unite*, fu segnata da tensioni e da profondo dolore rinnovato, o forse culminato in epoca più recente, in un vero e proprio martirio. "Non possiamo dimenticare -ammonisce il S.Padre- queste fulgide testimonianze di fedeltà a Cristo e al suo Vangelo: esse costituiscono il patrimonio prezioso della Chiesa greco-cattolica che si riconosce nell'*unione* di Uzhorod. I figli dell'intera Chiesa cattolica accolgono, anzi, con venerazione questo esempio e fanno tesoro di una simile meravigliosa lezione di fedeltà alla verità di Cristo".[4]

Intento di questo studio è comprendere come si sia evoluto il concetto di *unione* nella comprensione ecclesiologica attraverso i provvedimenti, i documenti, i diversi modi di realizzare e pensare l'"unione" nel corso della storia, a partire dal Concilio fiorentino, praticamente fino ai giorni nostri nei documenti del Concilio Vaticano II e in quelli che di esso sono applicazione. Ciò potrà aiutare a meglio comprendere il significato della presenza di queste chiese sia in se stesse, sia nel cammino ecumenico che nella Chiesa si sta compiendo, anche se quest'ultimo significato risulta più chiaro del primo. Lo stesso Concilio ecumenico Vaticano II afferma, infatti, che alle chiese orientali "compete lo speciale ufficio di promuovere l'unità di tutti i cristiani, specialmente orientali, secondo i principi del decreto sull'ecumenismo (...) in primo luogo con la preghiera, l'esempio della vita, la scrupolosa fedeltà alle antiche tradizioni orientali, la mutua e più profonda conoscenza, la collaborazione e la fraterna stima delle cose e degli animi".[5] Resta da approfondire il significato più ampio ed ecclesiale dell'esistenza delle chiese *unite* onde non dare per scontato che, qualora avvenisse l'unione di tutte le chiese orientali con Roma, non avrebbe più senso una loro distinta presenza tra le comunità ecclesiali.

Non può essere taciuto, affrontando questo studio, il dovere di fare memoria della testimonianza di fedeltà delle chiese *unite* accogliendone l'esempio.

---

[3] GIOVANNI PAOLO II, *Lettera Apostolica per i 350 anni dell'unione di Uzhorod,* n. 1, «Osservatore Romano» 22/23-04-1996

[4] *Ibid.,* n. 3

[5] Concilio Ecumenico Vaticano II, decreto *Orientalium Ecclesiarum,* [d'ora in poi: OE] n. 24: in *Enchiridion Vaticanum* [d'ora in poi: EV] 1 / 485

Insieme desideriamo rendere lode al Signore che ha voluto asciugare le lacrime dei suoi figli al termine di un drammatico periodo di dura persecuzione.
La trattazione dell'argomento che mi accingo a svolgere richiede necessariamente alcune precisazioni, in particolare di ordine terminologico.
Parlando dei cattolici che per i loro usi, la loro storia, la loro liturgia -e in passato la loro lingua- non rientrano pienamente nella configurazione della Chiesa latina si usano e si sono usati infatti termini diversi: chiese *unite*, *uniati*, *greco-cattolici*, *italogreci*, "rito greco", chiese *rituali*, *orientali cattolici.* Poiché tradiscono una visione ecclesiologica e richiamano un particolare momento della storia, cercherò di usarli così come vennero coniati nei diversi contesti storici.
Per comprendere l'idea di "Chiesa", che si ha in relazione al tema dell'*unione*, oltre ai documenti, sarà utile dunque porre attenzione alla terminologia usata, come, anche, alle modalità canoniche con le quali singole *unioni* furono celebrate.
In questo senso, particolare risalto sarà dato alla novità del Concilio di Firenze rispetto ai momenti conciliari precedenti e, in seguito, all'*unione* di Brest con conseguente sottolineatura delle vicende slave. L'*unione* di queste servirà da paradigma della situazione successiva al Concilio di Trento ben diversa dalla conciliarità dell'epoca fiorentina.
Oltre agli Slavi, sempre in particolare per il periodo successivo all'assise tridentina, si porrà attenzione ai cosiddetti "Italogreci", attenzione assai opportuna per il necessario approfondimento sul problema terminologico. Relativamente a questo, ritengo utile riprendere il contributo di Cesare Alzati al convegno "L'esperienza delle chiese unite e il suo significato per il futuro del cattolicesimo e del dialogo ecumenico in Russia". Avviando il suo intervento in lingua italiana sente l'esigenza di una precisazione di tipo terminologico ritenendola necessaria fuori dall'ambito linguistico russo. "Nella mia esposizione userò il termine *uniti* e non *uniati,* giacché quest'ultimo, ad eccezione dell'area russa, non è termine giustificato dalle fonti storiche. Esso, anche nelle varie regioni ortodosse, è il frutto di una recezione (relativamente

recente) del lessico russo, mentre nelle lingue occidentali riflette assai efficacemente l'importanza decisiva che, soprattutto nel Novecento, le scuole teologiche russe dell'emigrazione hanno avuto nel mediare in Occidente la conoscenza dell'Oriente cristiano. *Uniati* inoltre è termine sorto in un contesto di apologetica confessionale, e tale connotazione polemica esso conserva anche nella sua recezione in altre aree linguistiche, dove non a caso è venuto talvolta affiancandosi al termine *uniti.*[6] Non senza motivo, dunque, parlando in italiano, non userò *uniati,* ma *uniti,* analogamente a quanto testimoniato in ambito polacco-lituano con riferimento all'*unione* rutena, e come del resto appare anche in ambito greco (...) nonché nelle altre aree cristiane del vicino Oriente. Merita osservare come, in tale contesto, dal termine *uniti* si sia generata la coppia lessicale *uniti / non uniti.* (...) Ad esempio, tutti i Romeni di Transilvania erano analogamente *Români* e *pravoslavnici* (ossia ortodossi), ma dopo lo stabilirsi dell'*unione* e la sua crisi, una parte furono *uniţi*, un'altra *neuniţi.* E gli uni e gli altri ben distinti dai *catolici* ossia gli Ungheresi di rito latino".[7]

---

[6] Quanto alle lingue occidentali correnti, lo *Standard Dictionary of the English Language. International Edition,* II, New York 1966, p. 1371, spiegando il lemma *Uniat* alle parole *"A member of any community of Eastern Christians that aknowledges the supremacy of the pope of Rome"* aggiunge la precisazione *"also called* United *Armenian,* United *Greek".* A tale proposito oltremodo significativo risulta il fatto che in ambito italiano, dove il contatto con il mondo russo è stato assai meno consistente, il lemma *Uniato* sia totalmente ignorato a fine Ottocento dal Melzi (*Il Nuovissimo Melzi. Dizionario Completo,* Milano 1896) e dal successivo Palazzi (F.PALAZZI, *Nuovissimo dizionario della lingua italiana,* Milano 1939), e che per parte sua lo Zingarelli registri puntualmente il lemma *Unito*, così spiegandolo: "chiese orientali che, conservando la loro costituzione, lingua e liturgia si sono riunite con la romana, adottando la dottrina della processione dello Spirito Santo e del primato del papa: armena, copta, etiopica, greca e siriaca" (N.ZINGARELLI, *Vocabolario della lingua italiana*, Bologna 1957, p. 1656; sia qui per inciso osservato che, quanto alla dottrina *filioquista*, sarebbe forse opportuno dire ch'essa, più che adottata, è stata riconosciuta legittima).

[7] C.ALZATI, *Unione delle chiese e chiese delle Unioni, considerazioni tra storia e attualità.* Convegno internazionale, *L'esperienza delle chiese unite e il suo significato per il futuro del cattolicesimo e del dialogo ecumenico in Russia.* Seriate 27-28 aprile 2001. In «La nuova Europa» 5 (2001).

Capitolo I
IL CONCILIO DI FIRENZE

1. Frutti positivi del conciliarismo. Da Lione a Firenze

1.1. La teoria conciliarista

L'idea *conciliarista* fu tra gli aspetti più dibattuti nella discussione ecclesiologica del periodo in questione. Tale idea era fondata sulla concezione secondo cui il papa non è il signore assoluto della Chiesa. Nei casi normali è lui o la *Ecclesia romana* ad avere il governo della Chiesa visibile, ma in casi speciali quali il verificarsi di uno scisma o di un'eresia, spetterebbe alla Chiesa universale di governare la situazione. Il suo potere espresso dal concilio ecumenico sarebbe il più alto ed essa sola godrebbe dell'infallibilità. Con una grande quantità di concetti si tentò di chiarire il difficile problema della *plenitudo potestatis*.

Un giudizio su quanto avvenne non è di competenza di questo studio e sarebbe in ogni caso estremamente complesso anche per la base che venne posta per molti eventi successivi, ben oltre a quelli qui analizzati.

La complessità degli avvenimenti e la loro gravità è sintetizzata dal Congar con queste parole: "Si è sviluppata, nei secoli XIV e XV, una crisi generale del pensiero teologico e della coscienza ecclesiastica sotto le influenze congiunte del nominalismo, da una parte, e di una nozione rappresentativa del concilio e della gerarchia dall'altra." [8] Si cercò da parte di tutti una riforma *in capite et in membris* senza che si vedessero mai seri tentativi per realizzarla per cui "è venuta a crearsi e ad affermarsi con sempre maggior vigore la convinzione che, al di là degli abusi particolari, occorreva riformare il sistema stesso; che se la testa non era disponibile, il corpo doveva portare avanti questa riforma senza di essa e occorrendo contro di essa. (...) Sotto l'influsso del grande scisma, si è

---

[8] Y.CONGAR, *Vera e falsa riforma nella Chiesa,* Milano 1994, p. 286

giunti, all'inizio del XV secolo ad una vera dissoluzione, nella coscienza di molti, dei dati su cui si fondava l'ecclesiologia cattolica. (...) Non si vedeva più la vera natura della struttura gerarchica della Chiesa e quella della funzione papale. Il riformismo, deluso e stordito, dava luogo sia a teorie di tipo conciliare, secondo le quali la Chiesa si struttura dal basso, con una larga influenza dei professori di teologia, sia a teorie più mistiche ispirate ad un agostinismo unilaterale, nel senso di una Chiesa come pura comunione di santi".[9]

In questa discussione, la tendenza a mettere in evidenza gli estremi (papalismo-conciliarismo), lascia in disparte la pur ampia via di mezzo, secondo cui l'esercizio del ministero del papa è da comprendersi dentro al potere, al ministero, all'infallibilità della Chiesa e non in contrapposizione ad essa.

Rilevando l'equivoco conciliarista come elemento in se stesso non positivo nella vita della Chiesa e nella consapevolezza che al Concilio di Basilea-Ferrara-Firenze in un certo senso fu sancita la sua sconfitta, è possibile, contemporaneamente, coglierne un frutto positivo nell'atteggiamento nuovo di *conciliarità* che permise un incontro e una modalità di *unione* tra orientali e occidentali assolutamente nuovo e, sfortunatamente, mai ripetutosi nella storia successiva.

1.2. Scisma e conciliarismo

Dal momento in cui nel 1054 [10] si consumò il gravissimo scisma tra i cristiani d'oriente e d'occidente vi furono diversi tentativi, più o meno significativi, d'unione.[11] L'*unione* del 1439 si situa in un contesto del tutto particolare della storia, seguendo di poco la risoluzione dello scisma che, per più di quarant'anni, aveva diviso la cattolicità intera.

---

[9] *Ibid.*, p. 287

[10] Accogliamo questa datazione, che pure semplifica molto gli avvenimenti dello scisma, in quanto comunemente utilizzata nei manuali di storia della Chiesa per indicare il momento di rottura tra Oriente e Occidente.

[11] Tra i più antichi ricordiamo l'*unione* degli Armeni di Cilicia avvenuta nel 1198 e durata fino alla caduta del regno stesso nel 1375

L'8 aprile 1378 era stato eletto al soglio pontificio Urbano VI; il 20 settembre successivo, dichiarando invalida la precedente elezione, i cardinali, riuniti a Fondi, elessero Clemente VII. Questo doloroso dividersi nell'obbedienza a due papi si inserì in un dibattito ecclesiologico già acceso, nel quale intervennero teologi e canonisti di levata statura tra i quali ricordiamo, in particolare, Marsilio da Padova e Guglielmo d'Occam. Anche a partire dalle loro teorie si erano prospettate ed elaborate tre soluzioni al problema: la *Via cessionis*, secondo la quale uno dei due papi o entrambi avrebbero dovuto spontaneamente abdicare; la *Via compromissionis*, che prevedeva la discussione e l'accettazione da parte di entrambi di un arbitrato; la *Via Concilii* che, appunto al giudizio insindacabile di un Concilio Ecumenico, affidava la soluzione del problema.

Nel corso delle vicende sembrò che la via del Concilio potesse essere l'unica strada per il risanamento di una divisione immobilizzata che vedeva contrapporsi non solo i cristiani, ma le stesse nazioni: Francia, Castiglia, Aragona, Regno di Napoli e Scozia riconoscevano Clemente VII; Inghilterra, Impero, Italia centrosettentrionale e regni dell'Europa orientale mantennero la loro fedeltà a Urbano VI.[12] La composizione dello scisma sembrò ad un passo nel 1407; Gregorio XII e Benedetto XIII si accordarono per incontrarsi a Savona onde concordare la comune abdicazione, ma il primo si fermò a Lucca, il secondo presso La Spezia.

La riconciliazione sembrò non trovare alcuna soluzione, anzi, la situazione peggiorò dopo l'elezione a Pisa, nel 1409, di un terzo papa, Alessandro V, cui l'hanno seguente successe Giovanni XXIII. La fine dello scisma si ebbe con la convocazione e la celebrazione del Concilio Ecumenico a Costanza (1414-1418) per iniziativa dell'imperatore Sigismondo di Lussemburgo. L'11 novembre 1417 veniva eletto papa il card. Ottone Colonna che prese il nome di Martino V.

---

[12] *Serie romana dei papi:* Bonifacio IX (1389-1404); Innocenzo VII (1404-1406); Gregorio XII (1406-1415).
Serie avignonese: Clemente VII (1378-1394); Benedetto XIII (1394-1423).

L'anno seguente egli chiudeva ufficialmente il quarantennale scisma d'Occidente.

Proprio a Costanza furono poste le premesse del grande dibattito ecclesiologico che doveva svolgersi a Basilea–Ferrara–Firenze. "I suoi decreti, che potevano apparire a molti come la vittoria totale del conciliarismo e la sconfitta assoluta e definitiva del sistema ierocratico-papale, avevano di certo enucleato gli elementi fondamentali del conciliarismo: il potere non risiedeva più nel papa, monarca universale, ma nella Chiesa rappresentata nel concilio generale; da questa il papa riceveva la sua autorità e ad essa ed al concilio doveva rispondere".[13] Oltre all'evento dello scisma tutto ciò fu preparato dal dibattito giuridico-politico dell'età di mezzo, tanto in una concezione della Chiesa come *corpus*, viva nella canonistica, quanto nel pensiero politico ed ecclesiologico dei critici più espliciti della *plenitudo potestatis* pontificia e della sua pretesa di subordinare a sé il potere secolare.

1.3. L'unione di Lione del 1274

Di questa "*plenitudo*" sono espressione le affermazioni, ancora nel 1274, del secondo concilio tenutosi a Lione dove si realizzò una delle *unioni* precedenti al sinodo fiorentino.

L'*unione* con gli orientali avvenne tramite un provvedimento unilaterale di accettazione dei Greci nella comunione cattolica: "Abbiamo convocato questo concilio, affinché, dopo aver deliberato in esso con i prelati, i re, i principi e altre persone prudenti, potessimo stabilire e ordinare in Cristo quanto giovasse alla liberazione della Terra santa e a riportare i Greci all'unità della Chiesa. Essi, infatti, con superba ostinazione, tentando di lacerare in qualche modo la tunica

---

[13] R.AUBERT – G.FEDALTO – D.QUAGLIONI, *Storia dei Concili,* Cinisello Balsamo 1995, p.155

inconsutile del Signore, si sottrassero alla devozione e all'obbedienza della Sede apostolica".[14]

È interessante notare, oltre ai toni usati, come non vengano mai rammentati i prelati orientali e soprattutto come appaia chiara l'autorità del Pontefice in particolare nelle espressioni "sentiti i loro pareri, ricordiamo...Con il consenso di questo sacro concilio stabiliamo e comandiamo".[15]

Per quanto riguarda l'*unione* con i Greci, si realizza, in questo concilio, nel senso dell'accettazione, da parte di alcuni presuli orientali allo scopo convenuti, delle formulazioni che unilateralmente il concilio, o forse è meglio dire il Pontefice, propone.

La teologia è quella della Chiesa romana madre e maestra di tutti i fedeli della quale tradizione è da considerarsi parte la dottrina ortodossa dei padri sia occidentali che orientali: "Con fede e devota professione, confessiamo che lo Spirito Santo procede eternamente dal Padre e dal Figlio non come da due principi, ma come da uno solo; non per due spirazioni, ma per una sola. Questo ha ritenuto finora, ha predicato e insegnato, questo crede fermamente, predica, confessa e insegna la sacrosanta Chiesa romana, madre e maestra di tutti i fedeli. Questa è l'immutabile e vera dottrina dei padri e dottori ortodossi, sia latini che greci".[16]

Se questo era il clima ecclesiale nel XIII secolo, neppure due secoli dopo, terminato il Concilio di Costanza e soprattutto vissuta la bufera dello scisma d'occidente, la Chiesa sembrava trovarsi arricchita da idee nuove o, comunque sia, scossa in questa sua sicurezza e stabilità.

---

[14] *Concilium Lugdunense II*, Costituzione I, in *Conciliorum Oecumenicorum Decreta,* a cura di G.Alberigo – G.Dossetti – P.P.Joannou – C.Leonardi – P.Prodi, Bologna 1962, p. 309 (1a)

[15] *Ibid.,* p. 310 (1b)

[16] *Ibid.,* p. 313, II n. 1

1.4. La Concordantia Catholica di Nicolò da Cusa

Non possiamo trascurare, assieme ai fatti accaduti, le idee che all'inizio del XV secolo arricchivano la discussione teologica. In relazione alle tematiche legate al conciliarismo è accreditata tra gli storici l'opinione che il frutto dottrinale più maturo e insuperato sia la *Concordantia catholica* di Nicolò da Cusa, ampiamente studiata, all'interno delle vicende storiche del periodo in questione, da Giuseppe Alberigo.[17] L'opera risulta, per il nostro studio, particolarmente interessante in quanto, malgrado non si sappia nulla di preciso sull'epoca di inizio del lavoro che ha portato alla *Concordantia*, essa può essere collocata ai primi degli anni '30 del XV secolo, a cavallo tra l'annuncio del Concilio a Basilea e l'effettivo inizio dei lavori. È da notare che quando la *Concordantia* entrò in circolazione a Basilea all'inizio del 1434, con una duplice dedica all'imperatore Sigismondo e al presidente Card. Cesarini, il suo autore non era più uno sconosciuto né nel mondo del Concilio, né tra i più qualificati umanisti. Un riferimento alla sua opera è, dunque, necessario per la comprensione delle idee ecclesiologiche come anche delle aperture e speranze che riempivano il cuore di molti.

Alberigo sottolinea come l'opera del Cusano proponga un'ecclesiologia di concordia nella diversità; è anche per questo che ritengo possa offrirci un buon presupposto per comprendere le novità del Concilio di Firenze, in particolare relativamente al tema, per noi più circoscritto, dell'*unione*.

"Felicemente -afferma il Cusano- è uscita dal letargo, in cui giaceva con grave danno della fede, l'eminente autorità dei concili universali. Ciò si spiega con la generale riscoperta dell'antichità". Da notare questo suo riferimento, di attenzione al passato, che situa il movimento conciliare e il concilio di Costanza al di qua dello spartiacque dell'umanesimo.

La prospettiva ecclesiologica del Cusano si caratterizza per una composizione di elementi tipicamente medievali, con altri attinti alla tradizione più antica, ma

[17] G.ALBERIGO, *Chiesa conciliare, identità e significato del conciliarismo*, Brescia 1981

presentati in modo da rispondere alle esigenze profonde del rinnovamento in atto nella cristianità occidentale.

Interessante la sua sottolineatura relativamente al concetto di *concordantia* posto in reciprocità con quello di *differentiae* che non gli si oppone; anzi la concordia suppone le differenze. Opposto a *concordantia* è invece il concetto di *contrarietas;* più le differenze non sono contrastanti maggiore è la concordia. Essa dunque è massima dove non esiste *contrarietas,* cioè nella Trinità. Si tratta qui di concetti che giocheranno un ruolo primario nella concezione cusaniana della Chiesa.

Nella *Concordantia* egli tocca temi cruciali, per la teologia della Chiesa, che avevano avuto grande peso nelle discussioni dei decenni precedenti ed erano, al momento, discriminanti. Il giovane teologo tedesco afferma la simmetria tra Chiesa universale e chiese particolari e, subito dopo, accredita a ciascun vescovo la raffigurazione e "rappresentanza" –anche questo è uno dei concetti chiave nella sua ecclesiologia- della sua Chiesa. Queste idee furono assolutamente innovative anche nel mondo concettuale dei conciliaristi. "La teologia cristiana tendeva a considerare la Chiesa come un'unica realtà destinata a abbracciare tutto il mondo, rispetto alla quale le realtà locali delle diocesi, a ciascuna delle quali era preposto un vescovo, erano semplici specificazioni, sottomultipli la cui vita e il cui assetto veniva sempre più uniformato mediante l'incessante accentramento a Roma delle decisioni più importanti, sino a sottrarre al clero e al popolo interessati e ai vescovi viciniori la scelta del proprio vescovo".[18] Alberigo annota a questo punto come elemento assolutamente innovativo la posizione del Cusano; nessuno infatti dei teologi, neppure nel movimento conciliarista, aveva mai posto seriamente in discussione il presupposto ecclesiologico precedente, malgrado si trattasse di una dimensione direttamente implicata nello scisma. Per il Cusano il grande peso attribuito all'ecclesiologia di Cipriano, e, soprattutto, la concezione della Chiesa come concordia dei molti

[18] *Ibid.,* p. 306

tra di loro (oltre che con l'uno), aprono la strada ad una visione più equilibrata della dinamica tra chiese particolari e grande Chiesa.

Dunque, e questo già nelle prime pagine del suo trattato, vi erano elementi interessanti per avviare un superamento o, almeno, un'integrazione dell'universalismo che egemonizzava la concezione della Chiesa nella teologia tardo-medievale accentuandone il fattore clericale e quello gerarchico, andando oltre la visione monolitica e universalistica della Chiesa. Ad essa si sostituisce un assetto che valorizza la vita delle chiese locali favorendo il ridimensionamento del centro ecclesiastico romano, la cui crisi aveva indotto per decenni un grave malessere in tutto il corpo ecclesiale.

È superfluo aggiungere che in una prospettiva come questa, la Chiesa si sarebbe trovata ad affrontare le istanze nazionali con maggiore elasticità e minori conflitti di quanti non sbocciarono sul ramo della politica concordataria sviluppata rigogliosamente da Eugenio IV e dai suoi successori. Alberigo non lo nota, tuttavia applicazione analoga e positiva si può certamente estendere al problema delle relazioni tra "riti" diversi, tra oriente e occidente cristiano.

Altro, ultimo, elemento interessante è quello del "consenso nella chiesa". Il Cusano propone una visione del consenso altrettanto innovativa quanto le precedenti posizioni.

Le norme ecclesiastiche, a suo dire, che non siano state decise da un concilio, ma da un'autorità individuale, non hanno validità, se non in quanto confermate dall'accettazione e dall'uso, cioè dal consenso dei fedeli. La sua conclusione relativamente alla *plenitudo potestatis* pone il papa non come vescovo universale, ma come primo *super alios*. L'autorità del concilio dunque non si fonda nel papa ma nel consenso di tutti.

Il metodo della *concordantia* e il sistema dei concili poteva essere una adeguata risposta all'esasperazione delle prerogative papali ma non sarebbe uscito dalla tentazione, comunemente accolta peraltro, di identificare la chiesa, e soprattutto la chiesa attiva, col ceto dei chierici. È con l'introduzione del concetto del consenso come valore centrale che, Nicolò da Cusa, non solo evita tale rischio, ma porta a compimento i fermenti più profondi che la crisi conciliare aveva messo in movimento. Lo scisma, crisi del vertice della Chiesa che aveva coinvolto e inquinato tutta la cristianità, permetteva ora di sottolineare il rilievo ecclesiologico globale della volontà dei fedeli, la quale non può essere surrogata completamente né dalle elezioni né dalla rappresentanza.

L'*ecclesia* è, secondo la *Concordantia*, *fraternitas*, *corpus* dei fedeli unito al vescovo in ciascuna chiesa e al Cristo come suo corpo mistico. Tra questi due poli vi è un assetto gerarchico la cui dinamica però è sia ascendente e discendente, sia orizzontale. Questi ritmi distinti e complementari sono unificati dallo scopo di raggiungere un consenso effettivo come riconoscimento e composizione delle diversità; la Chiesa dunque è un *totum compositum*.

2. Le vicende delle chiese slave [19]

Prima di passare ad un esame delle vicende conciliari successive, è utile prendere in esame la situazione ecclesiale e politica di una delle zone che saranno più significative nelle problematiche qui affrontate e, comunque, in buona parte paradigmatiche per le esperienze di unione successive al 1500. Ci riferiremo pertanto alle vicende delle chiese slave per gli aspetti che concernono al tema trattato e che possano aiutarne la comprensione.

I cinquant'anni che intercorrono tra il 1400 e il 1450 ebbero particolare importanza per la Chiesa russa. Per la prima volta da quando si era consumato lo scisma tra oriente ed occidente essa venne di nuovo ad avere rapporti ufficiali con la Chiesa cattolica in occasione dei momenti più solenni per la vita di una chiesa: i concili ecumenici. Se all'inizio, per breve tempo, si era pensato ad un'unione tra le chiese perché spinti dalla necessità –tra queste vi era l'aspirazione di liberarsi dell'ordine teutonico, contro il quale molti lottavano già dal 1410, e la cui presenza era giustificata proprio dalla mancanza di spirito missionario e dalla permanenza di "dissidenti" da Roma- ora, addirittura durante tre concili, da parte delle due chiese separate furono fatti seri tentativi per raggiungere l'unità primitiva spinti da motivi dichiaratamente religiosi. Certo a questi se ne mescolavano altri di tipo politico-sociale che si manifestarono soprattutto al Concilio di Costanza e di Basilea, a cui, per volere dei principi lituani, parteciparono le regioni occidentali della metropolia russa.

Non sempre le circostanze furono propizie all'unione delle chiese, talvolta per le situazioni politiche, in particolare la tensione tra la Moscovia e la Polonia-Lituania, talvolta per tensioni ecclesiali tra il Patriarcato di Costantinopoli e la politica ecclesiastica delle chiese slave come tra le diocesi latine e quelle ortodosse (e/o *unite* poi).

---

[19] Per le vicende storiche di Russia, Lituania e Polonia si farà riferimento in particolare allo studio di A.M.AMMAN, *Storia della Chiesa russa e dei paesi limitrofi,* Torino 1948

Furono pressioni politiche, ad esempio, ad obbligare la partecipazione al Concilio fiorentino di Sigismondo di Lituania. Egli avversò l'*unione* fino alla morte, avvenuta violentemente nel 1440 mentre la Polonia, sempre per le sue vicende politiche, non era ancora riconciliata con papa Eugenio IV quando questi morì nel 1447.

È in questo contesto che Amman, nel suo studio sulla storia della Chiesa russa, si pone alcune domande che, a partire dal Concilio di Costanza, risultano di particolare interesse storico ed ecclesiologico: [20] era possibile una "unione" pur mantenendo il rito bizantino o un altro rito orientale nella lingua usata nella rispettiva regione? Era possibile la "unione" di ciascuna particolare chiesa del gruppo delle Orientali o dovevano tutte insieme, in un concilio, unirsi con il Papa? Nella prima ipotesi poteva forse una tale pace essere conclusa caso per caso dai singoli individui, oppure ogni particolare chiesa doveva nel suo insieme sottoporsi al papa romano?

La risposta a queste domande sarà in parte esplicitata durante la narrazione degli avvenimenti, non tanto presentando una definizione teorica quanto cogliendo gli avvenimenti stessi e le difficoltà di questi.

Restando nel contesto delle chiese slave uno degli elementi chiave emerse nella elezione del metropolita Isidoro, che partecipò ufficialmente al Concilio di Firenze assieme alla delegazione costantinopolitana. La vicenda della sua scelta ben esprime le divergenze presenti nel mondo ortodosso e, comunque sia, la buona disponibilità all'*unione* di una buona parte di esso. Egli fu eletto per la volontà del patriarca e dell'imperatore di avere a Mosca un uomo che godesse la loro fiducia, guidasse la Chiesa russa nell'entrare in trattative con Roma e, se fosse il caso, concludesse l'*unione*. Isidoro, a differenza dei delegati ai concili precedenti, partecipò in senso pieno collaborando attivamente non solo alle trattative ma anche e soprattutto alla successiva diffusione in Oriente delle decisioni del Concilio.

---

[20] *Ibid.*, p. 108

3. La celebrazione del Concilio di Basilea - Ferrara - Firenze

Il Concilio ebbe vicende travagliate fin dal suo inizio. Aperto il 23 luglio 1431 a Basilea mentre divampava la lotta contro il movimento hussita, poté tenere la sua prima sessione solo il 14 dicembre sotto la presidenza del cardinale legato Giuseppe Cesarini. Il 22 gennaio 1433 fece solenne ingresso al concilio l'imperatore Sigismondo e, nonostante le tensioni, furono approvati una serie di importanti decreti relativi sia alla riforma ecclesiastica, sia alla progettata *unione* alla Chiesa greca. Successivamente alla scelta della sede di Ferrara come sede per continuare il concilio, sede concordata tra il papa Eugenio IV e i Greci, si ebbe una scissione che avrebbe potuto paradossalmente portare ad un ulteriore grave scisma, cosa che fortunatamente non avvenne.

L'8 gennaio 1438 si riprendevano a Ferrara i lavori dell'assise conciliare ulteriormente trasferita alla sua ultima sede di Firenze nel 1439, dove si ebbe l'avvenimento culminante con l'approvazione del decreto di *unione* con la Chiesa greca alla presenza dell'Imperatore e del patriarca di Costantinopoli, dei rappresentanti dei patriarchi di Gerusalemme, Alessandria, Antiochia, degli arcivescovi di Nicea, Efeso e, come già annotato, dell'arcivescovo Isidoro di Kiev.

4. La modalità dell'unione

Oltre al contenuto del Concilio è necessario in questo contesto esaminare la novità e l'importanza del come il Concilio stesso fu condotto e della modalità scelta per sancire l'*unione* tra le chiese.

Rileggendone gli Atti, sin dal principio, si coglie la novità del clima, instauratosi presso l'ambiente conciliare, che lascia trasparire le convinzioni ecclesiologiche dell'una e l'altra parte. In particolare nella sessione XIX del 7 settembre 1434 [21] si descrivono le attese di unione con i Greci e le attese dei Greci stessi. È sottolineato l'invito alla parte orientale perché invii legati che partecipino al Concilio: "Non appena infatti il serenissimo imperatore dei Greci e il Patriarca di Costantinopoli hanno ricevuto la richiesta dei nostri ambasciatori, hanno subito destinato a questo santo sinodo tre insigni personaggi, scelti tra quelli che godono presso di loro di grande autorità e di cui il primo è parente dello stesso imperatore, munito di sigillo aureo e sua firma autografa, nonché di lettere del patriarca. (...) L'unione può essere conclusa solo in un concilio universale, cui partecipino sia la Chiesa d'occidente che quella d'oriente e in questo concilio, se sarà celebrato secondo gli accordi più sotto riportati, la stessa unione sarà senz'altro raggiunta". Nella stessa sessione emergono preoccupazioni di ordine missionario assai interessanti evidenziando la convinzione, non solo che lo scisma sia un danno per la Chiesa, ma anche per la sua missione –concetto che sarà ripreso nel Concilio Vaticano II anche se, evidentemente, con ottiche nuove-. "Da questa unione, poi, ci attendiamo con l'aiuto di Dio, anche un altro vantaggio per la cristianità e cioè la conversione di molti dall'empia setta maomettana alla fede cattolica".[22] Negli accordi citati più sopra emerge innanzitutto un dato interessante, anche se apparentemente solo di ordine pratico, in quanto si racconta della discussione, relativamente al luogo e alle spese, avutasi con gli orientali. Non è forse realistico pensare che il Concilio

---

[21] *Conciliorum Oecumenicorum Decreta*, cit., p. 478

[22] *Ibid.*, p. 479

avrebbe mai accettato di spostarsi a Costantinopoli, tuttavia il fatto che si sia discusso di questo argomento e si sia espressa da parte dell'imperatore la disponibilità a sostenere le spese dei prelati occidentali qualora avessero dovuto recarsi presso la sede imperiale, la dice lunga sulle prospettive ecumeniche di quest'assise. Da notarsi anche l'apertura dell'invito ai signori, laici dunque, e la proposta che si tenga a spese del concilio un'assemblea preparatoria a Costantinopoli. Sempre negli accordi raccontati nella suddetta XIX sessione del Concilio si esplicita che fu discusso e approvato, sia del rispetto della pari dignità di tutti, sia della libertà di intervento degli orientali: "spiegarono che una persona doveva poter esprimere liberamente la propria opinione senza impedimento o violenza da parte di alcuno. (...) senza polemica rissosa e offensiva, senza escludere però le discussioni e i confronti necessari fatti con serenità, cortesia e carità. (...) L'imperatore dei Greci e la loro Chiesa avrebbero avuto tutti gli onori che erano soliti ricevere prima dello scisma (...). Col presente decreto questo santo sinodo approva, ratifica e conferma, con l'autorità della Chiesa universale, gli accordi e le decisioni precedenti, e stabilisce, decreta e promette di osservarli e di non modificarli".[23]

Le espressioni e le modalità dopo l'inizio dei lavori a Firenze sono altrettanto innovativi rispetto al Concilio II di Lione, già a partire dall'uso della lingua nei documenti, scritti sia in latino sia in greco. Nella definizione della sessione VI il 6 luglio 1439, evidenziando come quanto scritto è da tutti parimenti accettato, si legge nelle due lingue: "Eugenio Vescovo, servo dei servi di Dio, a perpetua memoria. In accordo per tutto quanto segue con il nostro carissimo figlio Giovanni Paleologo, nobile imperatore dei Romani, con coloro che fanno le veci dei nostri venerabili fratelli patriarchi e con gli altri rappresentanti della Chiesa orientale".[24]

Nella Definizione *Letentur caeli* si spiega anche il modo di lavorare seguito: "Ecco infatti che i padri occidentali e orientali (...) dopo lunghe e laboriose

---

[23] *Ibid.*, p. 482

[24] *Ibid.*, p. 523 s.

ricerche finalmente, per la misericordia dello Spirito Santo, hanno infine raggiunto questa unione così desiderata e così santa."

Segue più avanti l'esplicitazione del pensiero, sia degli uni sia degli altri, con le dovute precisazioni e spiegazioni, in particolare sulla questione del *Filioque*. Espressioni simili, a dimostrazione che non si tratta solo di una mossa di convenienza nei confronti dell'imperatore dei romani, sono presenti nella bolla *Exultate Deo* di unione con gli Armeni, anch'essa bilingue, nella quale viene esplicitato con entusiasmo il desiderio che possano essere uniti tutti i cristiani: "rendiamo grazie (al Signore) per tanti doni, pregandolo e scongiurandolo che come i Greci e gli Armeni si sono uniti con la Chiesa romana, così avvenga per le altre nazioni, in particolare per quelle segnate dal sigillo di Cristo, e finalmente tutto il popolo cristiano, spenti gli odi e le guerre, goda e riposi in una pace vicendevole e nella fraterna carità".[25]

A Firenze si mirò ad un'*unione* rispettosa delle autonomie della Chiesa orientale –pur con i limiti dell'ecclesiologia del tempo che si manifesteranno successivamente- ma soprattutto ad un'*unione* che, secondo il concetto orientale, avrebbe unito a Roma tutte quante le chiese orientali e non solo alcune, o singoli membri delle une o delle altre. L'*unione* fu trattata allora come una questione della Chiesa universale, non come una questione politica di singoli paesi o sovrani. L'*unione* conclusa a Firenze, in contrasto con quel che doveva succedere in seguito, fu un atto bilaterale.

---

[25] *Ibid.*, p. 536

5. Il fallimento dell'unione [26]

Se questo momento della vita della Chiesa fu pieno di novità, risorse e speranze, il tempo che ne seguì non fu altrettanto fecondo. La parte centrale della metropolia di Isidoro rimase indifferente o meglio ostile al Concilio. Né essa né il Granduca erano preparati spiritualmente all'unione della Chiesa, disciolta si da secoli; in questo differivano dall'imperatore bizantino e dal suo patriarca. Quanto alla parte occidentale, cioè Lituana, della metropolia, i tentativi di *unione* fatti a Costanza e a Basilea, l'avevano resa diffidente e ostile ad un'unione delle chiese. I risultati storici, dunque, di questo periodo non possono essere valutati positivamente, non solo perché non si riuscì effettivamente a ricostituire la comunione tra le chiese, ma soprattutto perché si ottennero alcuni effetti negativi per la Chiesa russa e la Chiesa più in generale. Idee che fino ad allora erano ben chiare solo in qualche cerchia ecclesiastica russa, in particolare di allontanamento, culturale e sociale, dall'occidente, oltre che religioso, divennero patrimonio del clero e del popolo; inoltre la metropolia di Kiev e di tutta la Russia si spezzò in due parti una occidentale, più favorevole all'*unione*, l'altra, quella orientale, segnata da un irrigidimento ed una avversione ad ogni riavvicinamento a Roma in parte viva fino ad oggi. Forte peso ebbero, anche in questo caso, le situazioni politiche. I nemici di Mosca erano favorevoli all'occidente e alla Chiesa latina e, se non possiamo affermare che i granduchi russi fossero volutamente antilatini, resta il fatto che si occupassero solo di aumentare la propria potenza e i propri domini. Non erano dei teologi, come gli imperatori bizantini Manuele e Giovanni VIII.

Anche le decisioni del Concilio fiorentino dunque non ebbero particolare interesse per lo stato moscovita.

È evidente, già al momento della firma del decreto di unione del 6 luglio 1439, che Isidoro si trovava in pieno accordo con gli ambienti bizantini

[26] A.M.AMMAN, *Storia della Chiesa russa....*, p. 119 ss.

favorevolmente disposti verso l'occidente e verso i latini, ma in contrasto con i russi del suo seguito.

Oltre a questo vi fu un atto pontificio, che ancora tradisce un'idea ecclesiologica sulle relazioni tra Occidente e Oriente, il quale rese ulteriormente difficile la missione di Isidoro in particolare nei confronti dei russi in contrasto con il mondo latino: il Papa nominò, il 17 agosto 1439, Isidoro come suo legato *a latere* per Lituania, Livonia e Russia e, il 18 dicembre, lo innalzò al cardinalato. Più volte arrestato e ostacolato non riuscì nella sua opera: egli era il rappresentante di Roma ma soprattutto il metropolitano di Russia consacrato da Costantinopoli. Finalmente nel 1448 il governo moscovita riuscì a far consacrare, senza l'approvazione del patriarca o dell'imperatore, Jonas, lo sfortunato pretendente che dieci anni prima aveva visto Isidoro salire sulla cattedra che sperava sua. La rottura con Roma e Costantinopoli era rimarcata. Solo nel 1452-3 da Mosca si scrisse a Costantinopoli per tentare una chiarificazione, ma la caduta della capitale in mano ai turchi, avvenuta nel 1453, rese impossibile qualsiasi contraccolpo.

Ancora più complesse furono le vicende a Costantinopoli dove, per molto tempo, sembra si sia alternato l'emergere delle opposte fazioni unioniste e contrarie all'*unione*. Certamente un primo fatto che complicò l'esito dell'*unione* fiorentina fu il tentennare dell'imperatore. Appena rientrato a corte, colpito dal lutto per la morte della moglie, egli non esplicò alcuna attività in favore dell'*unione* lasciando spazio ai molti dignitari della Grande Chiesa che, non presenti al Concilio, erano ad esso contrari ed evitavano contatti con gli unionisti.

Anche quando l'elezione di un patriarca di quest'ultimo "partito", Metrofane, sembrò render possibile una piena adesione all'atto di *unione*, l'imperatore continuò a non prendere alcuna posizione a motivo del fatto che alcuni presuli avevano lasciato la capitale per cui temeva che altri potessero seguire il loro esempio. Nonostante questo e soprattutto nonostante l'accanita opera antiunionista di Marco di Efeso, il Garantoni, in una lettera scritta il 10 giugno

1440, come narra Gill nel suo studio sul Concilio di Firenze, nota che alla funzione di Pentecoste, il 10 giugno 1440, "assistevano dieci metropolitani di quelli che accettavano l'*unione*, con un gran numero di monaci, di clero parrocchiale e con grande massa di popolo" e più tardi: "i latini vanno alla messa e alle funzioni dei greci e i greci vanno alla messa e alle funzioni dei latini".[27] Interessanti anche gli atti compiuti dal Patriarca Metrofane: "notificando la sua nomina al trono patriarcale e la conseguente necessità di commemorare il suo nome nei dittici, proclamò l'unione delle chiese conseguita a Firenze, giustificandola col fatto che i santi latini accettati anche dai greci avevano sempre sostenuto quella che era l'attuale fede della Chiesa di Roma. Anche il nome del papa, quindi, doveva essere incluso nei dittici, come era stato fatto a Costantinopoli e l'unione doveva essere accettata".[28] Sappiamo per certo, anche a motivo delle lamentele dei contrari all'*unione*, che la Grande Chiesa di Santa Sofia per molti anni fu officiata da presuli e frequentata dai cristiani fedeli all'*unione*; certamente lo era ancora nel 1448. La forza degli oppositori stava nella capacità di alcuni, in particolare il citato Marco di Efeso -unico dei prelati greci che a Firenze non aveva sottoscritto l'*unione*-, di ottenere grande adesione per il loro spirito spiccatamente polemista che non trovava oppositori nei fedeli all'*unione*. Marco scrive: "Unitevi dunque, fratelli, con coloro con cui non ci si può unire, commemorate colui che non si può commemorare. Io, Marco, il peccatore, vi dico che chiunque commemora il papa come se fosse un prelato ortodosso ha accolto in sé tutta la latinità, fino all'uso di radersi la barba sul mento".[29] Nonostante gli argomenti in sé ben poco convincenti molta forza aveva la coerenza di Marco, forse l'unico ad aver sempre e costantemente mantenuto una ferma posizione, come anche la scarsa incidenza delle posizioni contrarie. Tra i suoi oppositori Gregorio Mammas;

[27] J.GILL, *Il Concilio di Firenze*, Firenze 1967, p. 418

[28] *Ibid.*, p. 420

[29] *Lettera a Teofane d'Eubea,* citata da J.GILL in: op. cit., p. 425

indubbiamente fu rispettoso, cortese con l'avversario e dotto ma proprio per questo privo del necessario spirito di controversia.
Sembrò risolversi ogni cosa a favore dell'*unione* quando finalmente l'Imperatore si decise a convocare tutti perché fosse restaurata la pace; ma prima che la riunione avvenisse la morte di Metrofane, il 1° agosto 1443, fece nuovamente stagnare l'irrisolta situazione.
L'ultimo elemento di fondamentale importanza fu l'attesa dell'aiuto occidentale dinnanzi alla minaccia turca. Anche qui tutto giocò politicamente a sfavore dell'*unione*. La sconfitta di Varna avvenuta il 10 novembre 1444, dopo che la flotta occidentale era stata indebolita da una tempesta, fu determinante: l'aiuto del papa, da tanto tempo promesso, era fallito. Dopo alterne vicende, tra le quali il tentativo di convocare un Concilio a Costantinopoli rifiutato dal papa, l'atto finale si compì con la venuta a Costantinopoli del cardinale Isidoro quale inviato della Santa Sede. Mentre la speranza dell'aiuto occidentale contro i Turchi ormai alle porte di Costantinopoli spingeva ancora una volta a favore dell'accettazione dell'*unione*, la politica del monaco Gennadio, il cui influsso era fortissimo sulla popolazione, la ostacolava. La situazione politica sembrò avere la meglio: il 12 dicembre 1452 "nella Grande Chiesa di Santa Sofia fu celebrata una liturgia solenne in presenza dell'imperatore e del senato, di preti e diaconi, di una gran massa di popolo (tutta Costantinopoli scrisse più tardi Isidoro): il papa ed il patriarca Gregorio furono commemorati nei dittici e si pregò per loro; il decreto di Firenze venne ufficialmente promulgato. Fino a che punto questa accettazione degli abitanti di Costantinopoli fosse genuina non si può dire. Ducas sostiene che la maggior parte di loro erano in malafede".[30]
D'altra parte Isidoro afferma che fino alla conquista della città l'*unione* fu costantemente osservata. Dopo la promulgazione dell'*unione* Gennadio si chiuse nella sua cella e quasi nessuno poté avvicinarlo, ma il 29 maggio, dopo poco più di un mese di assedio, la città cadde in mano ai turchi. L'imperatore Costantino morì combattendo. Isidoro di Kiev, che durante l'assedio aveva combattuto,

[30] J.GILL, op. cit., p. 461

dopo la caduta della città riuscì a fuggire. Gennadio arrestato ad Adrianopoli fu riportato a Costantinopoli. Fu il primo patriarca investito da un sultano. La causa dell'*unione* era perduta.

Andando oltre i fatti potremmo concludere che "l'opposizione orientale a Firenze (ma vi fu anche un'opposizione occidentale) non scaturì da una concreta analisi del documento d'*unione*, ma fu espressione di un rifiuto globale in nome del tradizionale antilatinismo cristallizzatosi nei secoli precedenti. È questo l'atteggiamento che si ritrova, ad esempio, in Simone di Suzdal e nel successivo *Discorso desunto dalle scritture sante contro il latinismo e narrazione della riunione dell'Ottavo concilio latino*, testo datato attorno al 1461. Alla luce di questi scritti, derivati dall'antilatinismo prefiorentino e nei quali l'*unione* assume caratteri assolutamente ripugnanti, la comunione delle chiese di tradizione greca ha interpretato e vissuto anche il costituirsi delle diverse unioni postridentine".[31]

---

[31] C.ALZATI, op. cit.

6. Le vicende delle chiese “italogreche” [32]

La condizione delle chiese, in particolare albanesi, nel meridione d’Italia fu, dopo il Concilio fiorentino, particolarmente florida e serena. Inserendosi in una ininterrottamente presente tradizione bizantina nuovi immigrati costituirono comunità nella condizione di “unione ristabilita”. Uno studio accurato e documentato [33] ha messo in luce, che vi fu un periodo in cui diversi vescovi orientali furono regolarmente autorizzati dal Papa ad esercitare la loro giurisdizione sulle comunità italoalbanesi. Questi vescovi erano mandati dall’arcivescovo di Ohrid riconosciuto in questa sua autorità dalla Santa Sede. I documenti evidenziano come egli ritenesse di doversi interessare della cura pastorale dei fedeli albanesi in Italia e lo stesso papa Giulio III in un suo *Breve* per Pafnuzio (+1566) che porta il titolo di arcivescovo di Agrigento –nominato per gli albanesi dall’arcivescovo di Ohrid- afferma che questi può “libere exercere” il suo ministero e che nessuno glielo impedisca. Dunque nel territorio della giurisdizione del papa si trova un vescovo residenziale che esercita il suo ministero legittimamente e in accordo con il papa stesso su tutti i fedeli orientali residenti in Italia.

Il documento più significativo a favore dei Greci è il *Breve* di Leone X *Accepimus Nuper* del 18 maggio 1521 con il quale confermava il libero esercizio delle tradizioni orientali, sanzionate dal Concilio di Firenze, permetteva la celebrazione dei sacramenti per i fedeli orientali anche in territorio della giurisdizione di un vescovo latino, proibiva ai vescovi orientali di ordinare un vescovo latino e viceversa. Là dove vi erano fedeli orientali, il vescovo latino doveva provvedere ad avere un vicario generale orientale, eletto da loro stessi;

---

[32] Cfr. E.F.Fortino, *Esempio significativo di Ecclesiologia di comunione tra chiese. Aspetti ecclesiologici della Chiesa italo-albanese,* «Oriente Cristiano» 1-2, XXXIV (1994), pp.6-9

[33] Cfr. V.Peri, *I metropoliti orientali di Agrigento, la loro giurisdizione in Italia nel XVI secolo,* in AAVV., *Bisanzio e l’Italia, Raccolta di studi in memoria di Agostino Perusi,* Milano 1982, pp. 274-321

dove vi erano due vescovi uno latino e uno orientale, ciascuno avrebbe dovuto occuparsi della cura pastorale dei propri fedeli.

Il fatto che si stabilissero delle censure, fin'anche alla scomunica, evidenzia l'esistenza di inadempienze relativamente alle disposizioni suddette. Leone X stesso ne dà notizia affermando che vi sono ordinari latini che *molestano* gli orientali, per esempio costringendo i bambini orientali ad essere ribattezzati secondo il modo di fare latino. Questi stessi ordinari, aggiunge, non vogliono che si porti la barba, che si celebri con pane fermentato e richiedono che gli ordinati non facciano uso del matrimonio.

Se dunque la permanenza sullo stesso territorio di fedeli di tradizione diversa e la loro pacifica convivenza non può essere data per scontata tuttavia il diritto ammesso in questo caso e la difesa da parte del Pontefice, hanno un significato che va al di là delle tensioni e dei contrasti tra le diverse consuetudini. Quella appena descritta, che si protrasse fin a poco dopo il Concilio di Trento, è certamente un'esperienza ecclesiale ed ecumenica altamente significativa.

Capitolo II

L'*UNIONE* DI BREST [34]

1. Le vicende dell'unione

Agli inizi degli anni ottanta del XVI secolo, migliorarono notevolmente le relazioni tra latini e ortodossi di Polonia-Lituania anche a motivo della polemica antiturca accresciutasi dopo la caduta di Costantinopoli. Non mancarono ortodossi che accettarono la forma latina del cattolicesimo e altri, come il principe Giorgio di Slutsk, che dichiararono la loro sottomissione al capo supremo della Chiesa universale senza tuttavia rinunciare al "rito greco" né alla loro posizione giuridica nei confronti del Patriarcato di Costantinopoli. Tale inclinazione –se veramente fu seria, commenta l'Amman– fu presto indebolita dalla riforma del Calendario promossa da Gregorio XIII nel 1582, come dall'adesione del secondogenito del principe Costantino Ostrogski, ricchissimo per possedimenti fondiari in Polonia e Lituania, discendente della vecchia famiglia dei Rjurikidi e signore della Volina, alla Chiesa latina. L'Ostrogski, in conseguenza a questo fatto, assunse una posizione nettamente anticattolica. L'ipotesi di una riforma, o di un'avvicinamento, alla Chiesa romana da parte della Chiesa rutena sembrava ormai estremamente remota. Furono lotte interne e tensioni tra le gerarchie ortodosse, come anche l'ingerenza di potenti confraternite nell'autorità episcopale, a suggerire il ricupero dell'idea di comunione con Roma.

Già nel 1590 i vescovi di Lutsk, Leopoli, Chelm-Belz e Pinsk decisero di sottrarsi all'autorità del metropolita verosimilmente spinti dal vescovo di Leopoli costretto nuovamente, proprio in quell'anno, a riconoscere l'indipendenza della Confraternita della sua città. I vescovi scrissero, durante un sinodo a Brest, al re di Polonia che sarebbero stati pronti a sottomettersi a Roma

34 A.M.AMMAN, *Storia della Chiesa russa* ..., p. 174 ss.

purché fossero conservate le loro cariche e si stabilisse la pari dignità con il clero latino.
La lettera cadde tuttavia in un ambiente politico teso e tutt'altro che pronto, per cui ottenne l'unico risultato di inasprire vecchie polemiche già in atto.
Solo nel 1594 la questione dell'*unione* delle chiese fece un passo decisivo quando, a seguito delle interminabili contese tra il vescovo Gedeone Balaban di Leopoli e il suo metropolita, questi trovò pieno accordo con i vescovi di Lutsk, Chelm-Belz, e Przemysl. Presso la residenza del vescovo latino di Lutsk il 2 dicembre 1594 fu possibile finalmente redigere un documento dove, questa volta solo su motivi puramente religiosi, si esprimeva la volontà di giungere all'unità con Roma. Il documento fu proposto dal vescovo Terlecki di Lutsk, esarca del patriarca e dunque il più insigne dei vescovi della Chiesa ortodossa polacco-lituana. Ciò nonostante, inizialmente, esso trovò ostacoli tanto seri da poter sembrare insormontabili a motivo di una serie di errori diplomatici e di opposizioni politiche, in particolare da parte del principe Costantino Ostrogski e dell'alto clero latino a lui legato. Tra le richieste di carattere ecclesiastico avanzate la più grave era la conservazione del calendario giuliano; tra quelle politiche il punto più scabroso era il desiderio dei vescovi di avere seggio e voto nel senato polacco.
Fu proprio la scorretta ed eccessiva opposizione, quasi rivoluzionaria, giunta al punto di invocare un sinodo protestante, a convincere il re Sigismondo di Polonia di permettere la partenza di due vescovi per Roma dopo aver fatto riconfermare con giuramento al Balaban la sua volontà di concludere l'*unione*. La delegazione giunse a Roma il 25 novembre dove subito iniziarono le trattative in presenza di una congregazione di cardinali. Esse presero un corso favorevole all'unione ecclesiastica e solo la questione del calendario sollevò ancora qualche difficoltà.

2. Modalità dell'unione e avvenimenti successivi

Stabilita la piena ortodossia dei due vescovi, i partecipanti si collocarono senza riserve sul terreno delle decisioni fiorentine. Si venne tuttavia ad una significativa innovazione di principio: si condussero bensì le trattative come tra due parti contraenti, ma la conclusione delle medesime non avvenne, come a Firenze, con un atto bilaterale. Al contrario il pontefice romano accolse unilateralmente in seno alla Chiesa universale la metropolia lituano-russa fino a quel momento separata. Era il 23 dicembre 1595; la solenne cerimonia pontificia si tenne nella sala di Costantino in Vaticano dove Clemente VIII chiese soltanto che l'*unione*, conchiusa a Roma dai due rappresentanti, fosse pubblicata anche in Polonia-Lituania da parte dello Stato e della Chiesa, per opera di tutti i vescovi riuniti in sinodo alla presenza dei delegati papali. Se per l'episcopato ruteno l'*unione* continuava a configurarsi come atto tra due chiese, frutto di una duplice convergente decisione, dalla Sede Apostolica il ripristino della comunione fu concepito come un atto di sottomissione degli Orientali al pontefice come testimonia il rituale stesso pensato nella *Congregatio generalis* dei cardinali: "*Les deux évêques Ipatij et Kyrylo étaient considérés à Rome, au moin formellement, comme des schismatiques et hérétiques contrits. En signe de leur obédience, ils devaient baiser le pied du pape. Celui-ci les reçut dans l'Église Romaine en les faisant absoudre par le Grand Pénitencier de l'Église Romaine et les autorisant d'absoudre leurs confrères après leur retour dans leur patrie*". [35]

È molto importante cogliere il dato rilevante della modalità dell'*unione* vissuta come sottomissione all'autorità papale e da questa sancita con un atto che deve essere poi pubblicato e, certamente, accolto nei territori interessati. Né si deve dimenticare un particolare altrettanto importante, che l'Amman immediatamente fa seguire al racconto dell'*unione*: "Nessuno parve darsi pensiero del fatto che si scioglieva la Chiesa che stava per unirsi con Roma dai suoi vincoli col

[35] J.MADEY, *Le Patriarcat Ukrainien*, Roma 1971, p. 79

patriarcato di Costantinopoli".[36] Ulteriore elemento negativo da notare è l'esclusione, da tutto il percorso, dell'elemento laico che, infatti, insorse sentendosi scavalcato, prima ancora che si riunisse il sinodo voluto dal papa e dal re. Questo si tenne dal 6 al 10 ottobre a Brest alla presenza dei delegati di entrambi non senza tensioni e opposizioni. Risolutiva fu la decisione del re che riconobbe l'*unione* anche da parte dello Stato, come esistente e unica esistente.
Interessanti in questo periodo risultano le lettere del vescovo ruteno Paciej che dopo la morte del metropolita Rahoza fu prelato fedele all'*unione*. Scrisse al clero riottoso di Slutsk e soprattutto si affaticò nei propri scritti a dimostrare come l'*unione* fosse la continuazione della chiesa primitiva e dell'*unione* fiorentina, che fino al 1500 circa non si era mai del tutto estinta nel paese. Egli ottenne un buon successo ma non gli riuscì di guadagnare all'*unione* gruppi numerosi dell'elemento laico e monastico.
Da evidenziare il richiamo al concilio di Firenze, nonostante le modalità dell'*unione* siano state da esso parecchio distanti; questo indica un filone della politica unionistica che da qui in poi, come avremo modo di approfondire, spesso si appellerà al concilio di unione per eccellenza. Oltre a questo non è di poco interesse la sottolineatura del Paciej, pienamente condivisibile, che a rendere possibile gli avvenimenti di Brest sia stata proprio la coscienza mai sopita –Russia esclusa, come si è detto- dell'annuncio di *unione* seguito all'assise fiorentina.
Per un esame ecclesiologico occorre allargare lo sguardo alla Chiesa da cui l'*unione* asportava una parte. Quale fu la posizione ortodossa nei confronti degli avvenimenti dell'epoca? L'Amman commenta: "Dal punto di vista dell'insieme delle chiese Orientali gli effetti di tale *unione* non sono consolanti. La perdita numerica fu senza importanza, ma grande fu il danno ideale. L'unione a Roma di una di esse abbattè il principio, invalso da secoli e ancor oggi riconosciuto in quei paesi, che una tale *unione* non si potesse effettuare, se non da parte di tutte le chiese unite e per opera di un concilio generale! Da un tal punto di vista

[36] A.M.AMMAN, *Storia della Chiesa russa...*, p. 181

l'*unione* di Brest non è dunque tale, ma costituisce piuttosto una frattura".[37] Questa coalizzò le energie intellettuali e scientifiche a Kiev presso gli ortodossi, dal 1632 nuovamente riconosciuti dallo stato. L'*unione*, politicamente, ebbe importanza soprattutto per la Polonia-Lituania offrendo un nuovo spazio culturale lituano-slavo orientale accanto a quello moscovita slavo-orientale, una vera e propria regione intermedia tra la Polonia occidentale e la Moscovia.

In quanto istituzione che si trattava di riguadagnare la Chiesa *unita* restò in ogni tempo uno degli obiettivi della politica estera russa. Alla fine, proprio la questione dei rapporti tra la Chiesa *unita* e la scismatica, divenne per Caterina II il pretesto onde apparecchiare la distruzione di tutto il complesso statale lituano-polacco.

---

[37] *Ibid.*, p. 183

3. Esperienze analoghe d'unione.

L'annuncio del Concilio di Firenze e delle esperienze successive raggiunse anche i Carpazi. Superate alcune iniziali difficoltà, l'*unione* dei cosiddetti *ruteni subcarpatici*, si concretizzò a Uzhorod. Da Mukaevo si sviluppò un fermento che radunò un vasto gruppo di fedeli di tradizione bizantina. Prendendo atto di tale realtà, il 19 settembre 1771 Papa Clemente XIV, con la Costituzione apostolica *Eximia regalium principum* stabiliva l'Eparchia greco-cattolica di Mukaevo, la cui sede sarebbe stata trasferita pochi anni dopo nella vicina Uzhorod. Nacquero successivamente nuove circoscrizioni ecclesiastiche: le Eparchie di Krievci (1777), di Presov (1818) e di Hajdúdorog (1912). Nel frattempo si era fatto consistente oltremare il flusso migratorio di fedeli, figli di quell'*unione*. La Santa Sede eresse per loro negli Stati Uniti d'America la Metropolia bizantina di Pittsburgh (1969), con le Eparchie suffraganee di Passaic (1963), Parma (1969) e Van Nuys (1981).

Un'altra delle *unioni* significative è quella avvenuta coi Rumeni. In particolare nella Transilvania si ebbero gruppi di cristiani che scelsero l'*unione* con Roma. Sinodi tenuti ad Alba Iulia negli anni 1697 e 1698, si pronunciarono a favore di questa che, decisa ufficialmente il 7 ottobre 1698, fu solennemente ratificata nel Sinodo del 7 maggio 1700. Grazie all'opera di illustri vescovi come Atanasio Anghel (+1713), Giovanni Innocenzo Micu-Klein (+1768) e Pietro Paolo Aron (+1764) e di altri benemeriti presuli, sacerdoti e laici, la Chiesa greco-cattolica di Romania rafforzò la propria identità e conobbe in breve tempo un significativo sviluppo. In considerazione di ciò Pio IX, con la Bolla *Ecclesiam Christi* del 16 novembre 1853, eresse la Metropolia di Fagaras e Alba Iulia per i Romeni *uniti*.

In questo frangente storico l'Alzati propone un'interessante riflessione di analisi storica in quanto sembra delinearsi un quadro "più articolato di quanto non faccia supporre l'interpretazione teologica dell'*unione* quale passaggio da una comunione all'altra, con conseguente abbandono dell'Ortodossia e scisma nei suoi confronti. Certamente in questi termini era intesa la questione dagli ecclesiastici transilvani nell'ottobre 1698: -*Sia di competenza della Sinodo eleggere chi debba essere il Metropolita. E Sua Santità il Papa e l'Alto Imperatore lo confermino, e* lo ordini il Patriarca che risiede sotto l'autorità di Sua Altezza-. Tale Patriarca altri non era che il supremo pastore della Chiesa Serba, ossia un altissimo gerarca orientale non unito (segnatamente Arsenije [1633-1706], la cui migrazione in territorio asburgico risale al 1690). L'*unione* dunque non era intesa come interruzione dei (più o meno tradizionali) legami, anche canonici, con la comunione ortodossa".[38] Si presenta, dunque, un caso analogo a quello precedentemente descritto, relativamente agli italoalbanesi.

Le esperienze di comunità di rito orientale in comunione con la Chiesa di Roma sono molteplici e difficilmente accomunabili. Per fornire qualche semplice dato su altre chiese ricordiamo i melkiti, il cui primo patriarca fu Cirillo VI Tanas (1724); gli armeni, dei quali fu primo patriarca Abramo di Aleppo (1740) e che ebbero un loro vescovo in Costantinopoli dal 1758.

Nell'India, con alterne vicende a partire dal XVI secolo con la venuta dei Portoghesi, si ebbe l'*unione* di comunità nestoriane del Malabar.

Da ultimo, senza pretesa di completezza, ricordiamo che nel 1875 Leone XIII accolse nella comunione con Roma alcune comunità copte.

---

[38] C.ALZATI, op. cit.

Capitolo III
DOPO IL CONCILIO DI TRENTO

1. Influsso negativo del clima tridentino sulle relazioni con gli orientali

Il cambiamento di modalità, relativamente alla celebrazione dell'*unione*, si inserì nella novità del clima di riforma ed anche nella necessità di maggior controllo e schematicità all'interno della Chiesa, indotti dallo scisma seguìto in occidente ai movimenti di riforma protestante.
Non era più pensabile l'apertura che abbiamo potuto vedere attualizzata al Concilio fiorentino il quale, anzi, sembrava ormai lontano.
Alcuni problemi, compresa l'esistenza di cristiani non latini, sembrarono presentarsi per la prima volta e vennero riletti completamente, pur in un clima animato da sincero e profondo zelo, nella nuova ottica e schematicità della riforma-controriforma cattolica.
In questo clima non solo si cancellarono molti dei passi fatti in avanti nel cammino, che oggi potremmo chiamare ecumenico, ma la necessità di far rientrare ogni situazione ecclesiale sotto il controllo e negli schemi della Curia Romana, in un certo senso, rimarcò e approfondì i confini della divisione stessa tra Oriente ed Occidente.
Nel meridione d'Italia molti vescovi, animati da sincero impegno, scoprirono la presenza di cristiani fedeli ad un'altra chiesa: non latina, dal punto di vista etnico e liturgico; non occidentale, quanto a dipendenza gerarchica, poiché spesso rivendicava l'antica autonomia canonica non solo nei confronti degli ordinari della regione, ma persino di fronte al pontefice romano.
Certo la situazione era complessa in quanto questi né avevano mai rinnegato la comunione con Roma, né quella con la sede patriarcale costantinopolitana. Riferite sempre a casi particolari, le interpellanze che si succedevano nelle

diocesi, per le ricorrenti analogie, suggerirono a Roma la necessità di una risposta univoca offerta con un provvedimento generale di riforma.

Il clima postridentino non si presentò dunque come favorevole alle comunità italogreche. Nei confronti di tali comunità ecclesiastiche non ci si preoccupò in via preliminare di stabilire, su base storica e teologica, la peculiare collocazione ecclesiale, atta a fondare i legittimi obblighi e diritti (anche se configurati sempre più come esenzioni concesse dalla Santa Sede che non come conseguenza del loro essere ecclesiale). Si fu invece indotti a provvedere, nei confronti di tali fedeli, presumendoli immediatamente soggetti a tutti i titoli ed effetti canonici all'universale autorità pontificia, conseguentemente all'autorità della gerarchia episcopale latina, in modo del tutto indipendente e separato dalla Chiesa d'Oriente, cui pure detti cristiani legittimamente continuavano a richiamarsi e ad appartenere.

Il *Breve* di Pio IV nel 1564, il *Motuproprio* di Pio V di due anni dopo, la circolare ai vescovi di Gregorio XIII del 1574-75, rappresentano, con le successive applicazioni particolari fino alla *Perbrevis Instructio* del 1596, il tentativo del governo ecclesiastico centrale di "ridurre" i Greci e gli Albanesi a vivere da cristiani cattolici, secondo il modello ritenuto ormai di normalità e di necessaria uniformità ecclesiale espresso dal Concilio di Trento. Gli ordinamenti da esso emanati, gli usi e il rito liturgico codificati dalla Chiesa tridentina venivano ormai qualificati con termini quali: *melior, tutior, securior, perfectior.*

Non era d'altra parte pensabile la capacità o la volontà di rimettere in discussione il quadro ecclesiologico da poco delineato a Trento da parte di pontefici e curiali intensamente e laboriosamente impegnati a tradurlo nella realtà delle diocesi.

Il Peri commenta in maniera abbastanza severa gli avvenimenti dell'epoca: "Il fenomeno (degli Italogreci) o ignorato, o tollerato nel passato, non poteva che risultare anomalo e insopportabile alla luce della nuova dottrina ecclesiologica solennemente canonizzata e promulgata per tutta la Chiesa cattolica. Era dunque indispensabile "ridurlo" –così ci si esprimeva all'epoca-, inquadrarlo nell'ordinamento canonico, ovviamente latino e cattolico, magari sforzandosi, così per equità come per prudenza politica, di non condannare cose per sé non condannabili col rischio di provocare reazioni e resistenze superflue".[39]

Ciò che più sconcerta è l'accusa nei confronti dei sacerdoti orientali greci e albanesi d'Italia, i quali usavano farsi ordinare dai vescovi della Chiesa orientale, secondo la quale li si stimava irretiti nelle censure previste dalla costituzione *Cum ex sacrum ordinum* di Pio II, emanata nel 1461 contro i sacerdoti occidentali allora promossi spesso agli ordini sacri in modo irregolare, tramite abusi simoniaci e fuori dalle diocesi d'origine. Si videro applicate, a qualsiasi vescovo della moderna Chiesa orientale, delle norme papali nate per proteggere da attentati ed insubordinazioni intollerabili, l'ordinata disciplina gerarchica interna del patriarcato d'Occidente, in frangenti burrascosi della sua vicenda storica. Il caso di Venezia, dove la Serenissima Repubblica stipendiava un vescovo ortodosso residente per quella parrocchia greca, senza che il nunzio potesse ignorarlo né impedirlo può considerarsi nient'altro che l'eccezione che conferma la regola.

Pare veramente che si possa annotare come precedentemente non fossero mai state rimarcate le distanze e le divisioni, nonostante il protrarsi di un palese scisma, tra Oriente e Occidente come invece accadde in questo periodo postridentino.

Ma a partire dall'espressione "Italogreci" e "rito" è utile approfondire l'evoluzione ecclesiologica di questo periodo nonché gli avvenimenti legati ai provvedimenti della Curia Pontificia.

---

[39] V.PERI, *Chiesa romana e "rito" greco, G.A. Santoro e la Congregazione dei Greci (1566-1596),* Brescia 1975, p. 43

2. Il problema storico degli Italogreci [40]

Col termine "Italogreci" si è soliti indicare quanti in Italia, nel culto e nella pratica religiosa, seguono le cerimonie liturgiche e gli usi della Chiesa bizantina; in altro modo vengono definiti come coloro che appartengono al "rito greco". Le due espressioni hanno un'origine tecnica e derivano dal linguaggio curiale della seconda metà del XVI secolo. Si tratta di parole generiche, talvolta inadeguate in rapporto alla realtà canonica che intendono descrivere. Con questi termini si definirono, inizialmente, sia le superstiti popolazioni di lingua greca in Puglia e Calabria sia i gruppi immigrati, proprio nei secoli XV e XVI, dall'Albania. Il termine venne quindi esteso anche ai greci veri e propri che risiedevano stabilmente per svolgere il più delle volte il loro lavoro commerciale, nelle città marittime della penisola quali Venezia, Ancona, Bari, Lecce, Messina, Napoli e Livorno. Fu dunque utilizzata come nota distintiva principale il rito sacro, nonostante non fosse così uniforme come quello, sempre più unitario e generalizzato, della Chiesa romana. Come è comprensibile le varie comunità si presentavano in modi assai diversi. Alcune di queste ritenevano di far parte a pieno diritto della Chiesa greca e quindi di dipendere dalla giurisdizione del patriarca di Costantinopoli; altre riconoscevano serenamente la giurisdizione ordinaria dei vescovi latini nelle cui diocesi risiedevano. Questa distinzione certamente in sé assai importante sembrò diventare secondaria e perfino trascurabile quando si accolse il presupposto ecclesiologico, ribadito a Trento, secondo cui tutti indistintamente i cristiani residenti in una diocesi si dovevano intendere soggetti alla piena giurisdizione canonica dell'Ordinario latino del luogo e, con lui evidentemente, all'immediata autorità pontificia.

Benché generiche, dunque, le categorie suddette di *italogreco* e di *rito greco* furono ritenute funzionali alla prassi della Curia romana e quindi adottate dalla Santa Sede fin dal 1564 praticamente, sino ai giorni nostri, per indicare istruzioni normative indirizzate ai vescovi delle diocesi meridionali.

---

[40] *Ibid.*, pp. 15-48

Riferendosi agli *Italogreci* già nel 1558 Antonio Galatei si chiese perché dopo aver dimostrato per secoli un attaccamento tenace al culto dei padri, manifestassero allora sempre più di frequente una tendenza a mutare rito, così da estinguere nel giro di pochi decenni, quasi ovunque quello loro proprio. Questa e altre domande trovarono indiretta risposta in un'opera famosa del 1648 di Leone Allacci erudito grecista, bizantinista e teologo, custode della Biblioteca Vaticana. Tra le altre cose egli scrisse: "I loro sacerdoti sono obbligati dalla Sede Romana, cui appaiono sottomessi, a conservare il rito d'origine, ma anche a subordinare al rilascio di patenti da parte dell'Ordinario latino l'esecuzione del proprio ministero sacerdotale, quando per dispensa pontificia non vengano addirittura ordinati da un vescovo italiano "*more latino*", però sempre per il rito greco".[41]

Il Peri annota come questa situazione avesse certamente già avuto modo di affermarsi da tempo al momento in cui l'autore scriveva. Pietro Arcudi, inviato dal papa Gregorio XIV nella metropolia di Kiev in procinto di unirsi con Roma, nella *Brevis Relatio* che pose come premessa ad un suo scritto sui sacramenti del 1625 riprendendo la *Perbrevis Instructio* di Clemente VIII per gli Italogreci, approvata nel 1595, unì in un'unica categoria Ruteni, Greci e Albanesi confermando così il carattere canonico e non etnico attribuito alla classificazione.

Interessante, anche se ecclesialmente sconvolgente, il commento agli eventi storici dello scisma e della presenza in Italia degli Italogreci scritto in seguito da un erudito sacerdote italoalbanese, Pietro Pompilio Rodotà, educato al Collegio Greco e *scriptor* greco della Biblioteca Vaticana a partire dal 1736: "Come nel sogno di Nabucodonosor s'abbatté l'albero immenso che l'angelo aveva comandato di troncare alle radici, risparmiando queste per "indizio ai posteri della smisurata grandezza e della celebrità del nome di essa pianta", così crollò per volontà divina l'Impero Greco poiché impose l'eresia alla propria Chiesa e

---

[41] L.Allatii, *De Ecclesiae Occidentalis atque Orientalis perpetua consensione libri tres,* Coloniae Agrippinae 1648, lib. III, cap. 8, p. 1092, citato da V.Peri, op.cit., p. 21

fu ribelle al Papa romano. D'un arbore sì eccelso miseramente caduto, volle nondimeno Iddio, secondo gli eterni disegni della sua provvidenza, che il tronco e le radici ne fossero salvi; cioè che le venerabili cerimonie cui i SS.Apostoli e gli uomini apostolici avevano aperto il teatro nelle chiese Orientali, non fossero profanate da gente infetta dalla scismatica perfidia (...) ma che trapiantate nel grembo della Chiesa Romana, si servassero sotto la cura, e provvidenza del Sommo Pontefice (...) ebbero queste in sorte gli italiani de' due Reami di Napoli e di Sicilia".[42] Egli dunque abbozzò una prima sommaria giustificazione storica e teologica che permetteva di assegnare al concetto di rito un valore autonomo, teologicamente qualificante, tale da poter prescindere dalla originaria matrice ecclesiale. Per questo era indispensabile operare e giustificare un cambiamento dell'antica nozione di Chiesa con criteri e significati nuovi, coerenti con la moderna ecclesiologia occidentale e modellati su di essa.

Dopo il Rodotà non parlarono più di *Italogreci* e di *rito greco* solo i canonisti cattolici, ma il linguaggio fu assunto nell'ambiente culturale degli storici.

Si andò inoltre sempre più affermando una sorta di equivalenza, indebita ma presente spesso ancora oggi, tra Italogreci e Basiliani d'Italia, tra Italogreci e Grecolatini della Dalmazia, dell'Albania, dell'Epiro, della Grecia, di Candia, dell'Arcipelago e dei Balcani così come già con l'Arcudi si era imposta a Roma l'equiparazione tra Italogreci e Ucraini entrati in unione con la Santa Sede per l'*unione* di Brest. Col trascorrere del tempo un termine curiale latino ("Orientales *uniti* Sanctae Sedi"), prima descrittivo e poi tecnico, nelle lingue moderne, anzitutto nelle lingue slave, entrò nell'uso per cui si chiamarono *uniati* i cristiani delle chiese orientali che singolarmente o in gruppo, passavano a mano a mano all'obbedienza della Chiesa romana, conservando il rito originario.

[42] P.P.RODOTA', *Dell'origine, progresso e stato presente del rito greco in Italia, osservato dai Greci, monaci basiliani, e albanesi, libri tre*, Roma 1758-63, I, pref.c.4, citato da V.PERI, op.cit., pp. 26-27

3. Chiesa Romana e "Rito Greco"

L'espressione "rito" richiede certamente un approfondimento nel suo complesso significato ecclesiologico e storico, come anche una valutazione relativamente all'accezione negativa che assunse nel periodo successivo al Concilio di Trento, come già, in parte, è stato accennato.

"Il rito non coincide –scrive Vittorio Peri- con una professione di fede, che può essere identica in riti diversi, e, ancor meno, s'identifica con la lingua liturgica: ben prima del Concilio Vaticano II la storia insegna ch'essa può restare la stessa in riti diversi o mutare all'interno dello stesso rito. Se nella grande stagione patristica il rito dipendeva dall'autorità uniformatrice di ogni patriarcato, l'evoluzione storica interna della Chiesa cattolica ha di fatto rovesciato il principio antico, sicché il patriarcato di appartenenza è determinato dal rito, cui un fedele appartiene per nascita ed eredità. Simile situazione rende meno immediato di quanto non fosse nella Chiesa sinfonica dell'antichità e del primo millennio, fissare una base di distinzione, che permetta di individuare in modo conveniente la corrispondenza parallela degli uniati, la controparte in funzione della quale essi si possono definire".[43] Nei vari tentativi di individuare dei parallelismi non riesce adeguato né il confronto con la presenza all'interno dell'Occidente di riti quale l'*ambrosiano* o il *mozarabico*, né il confronto da un punto di vista linguistico che opponesse i latini a tutti gli altri. Tanto meno si otterrebbe un giusto risultato opponendo al Patriarcato Latino gli altri quattro indistintamente. Nessuna definizione si presenta pertanto ineccepibile a meno ché non ci si riferisca alle situazioni concrete, verificatesi nel corso della storia della Chiesa, nelle quali hanno avuto origine le realtà ecclesiastiche, che essa è poi stata chiamata a designare nell'uso ordinario della Curia Pontificia.

Per meglio comprendere il significato dell'uso del termine "rito" ma soprattutto per analizzare la situazione della chiese *unite* all'interno del clima tridentino è

---

[43] V.PERI, op.cit., pp.36-37

necessario approfondire l'operato della Congregazione dei Greci la quale fu attiva a due riprese nella Curia postridentina dal 1553 al 1585, quindi dal 1593 al 1596. Nel periodo intermedio, corrispondente al pontificato di Sisto V, le sue incombenze furono affidate al Santoro, cardinale di Santa Severina, per l'occasione insignito del titolo, appositamente coniato, di *Protector nationum Orientalium* o *Protector totius Orientis*.

Nel 1573 la Santa Sede era giunta ad avvertire la necessità di una regolamentazione nuova e unitaria dei fedeli che seguivano un rito che, nella mentalità tridentina, prima di tutto appariva nella sua difformità dall'unico sentito come sicuro e ufficiale per la Chiesa. Un vescovo nel 1570 lo definiva – quello latino- come "l'universal rito della Santa Chiesa Romana".

In particolare, come già visto precedentemente, faceva problema l'ordinazione dei sacerdoti; occorreva creare o individuare una gerarchia o almeno un vescovo di rito greco, però cattolico. Questi soltanto sarebbe stato ormai capace di ordinare in debita e legittima forma nuovi sacerdoti per lo stesso rito. La questione fu sollevata davanti alla Congregazione dei Greci da alcuni memoriali degli Alunni del Collegio Greco che, alla fine della loro formazione nell'Urbe, dovevano essere ordinati sacerdoti e volevano continuare a ricevere gli ordini dai vescovi ortodossi. La discussione si protrasse tra l'ottobre del 1593 e il giugno 1594 quando fu deciso di rimettere la questione a Clemente VIII, tuttavia con una precisa proposta: "stabilire un vescovo greco cattolico in Roma, per ordinare i Greci soggetti a vescovi latini d'Italia et delle isole vicine, i quali non debbiano dar dimissorie se non per farsi ordinare da questo vescovo". Il Papa approvò la proposta il 31 agosto 1595 con una norma esecutiva che si tradusse, l'anno seguente, con la pubblicazione della *Perbrevis Instructio*. Fu dunque stabilito un vescovo, orientale per origine ecclesiastica e per rito, personalmente soggetto all'autorità del Pontefice Romano in una forma e misura coincidenti con quelle previste dal Concilio di Trento per i vescovi latini e tali, date le circostanze, da essere perfino più rigide.

Quando, proprio in quell'anno 1596, fu sottoscritta l'*unione* di Brest, questo medesimo concetto non si applicò soltanto ad un singolo vescovo ma fu esteso spontaneamente ad un intero episcopato; servì cioè da fondamento canonico al successivo fenomeno dell'*uniatismo*.

La questione degli Italogreci, sorta come problema pastorale periferico legato ad una minoranza, assunse una portata ecclesiologica tale da superarne notevolmente le dimensioni primitive e da porla all'origine di un nuovo e complesso capitolo di storia della chiesa moderna.

Per quanto riguarda invece la Congregazione dei Greci "in sede storica -scrive il Peri- un bilancio consuntivo dei risultati raggiunti dalla Congregazione, quindi dalla loro più generale influenza sulla successiva politica ecclesiastica verso le cristianità orientali, si può meglio delineare seguendo un metodo comparativo. Vale il confronto dei problemi reali, imposti in dottrina e in pratica dalla presenza della Chiesa greca in Italia all'ecclesiologia e agli orientamenti pastorali e disciplinari emersi al Concilio di Trento, con la registrazione degli stessi problemi nella mentalità della gerarchia occidentale, come anche con il riflettersi della mentalità stessa nei programmi di riforma perseguiti in conseguenza".[44]

Da Pio IV a Clemente VIII i papi concorsero in prima persona all'elaborazione quotidiana della politica ecclesiastica della Chiesa cattolica, nei confronti delle comunità italoalbanesi ed italogreche. La stessa e costante collaborazione del cardinale Santoro impresse una nota di più organica continuità ad un'azione che altrimenti avrebbe potuto risolversi in una serie di interventi episodici, senza peraltro intaccarne il carattere estemporaneo, l'ispirazione pragmatica e l'intento in prevalenza disciplinare e amministrativo.

Per l'ultima volta in un *breve* di Pio IV si faceva riferimento ad una Chiesa greca sussistente in Italia con una sua gerarchia e un suo ordinamento canonico. Successivamente per connotarla, dopo l'incorporazione completa nella Chiesa cattolica, con la concessione di fatto di uno statuto particolare, si ricorse alla

[44] *Ibid.*, p. 192

nozione di rito, un concetto descrittivo e familiare ai liturgisti occidentali. Questi lo situavano tra il disciplinare e il rubricistico, già impiegato per designare e giustificare qualche deroga alle disposizioni universali del Concilio di Trento, in vista di venerabili tradizioni di poche grandi chiese d'Occidente. Per i cristiani greci questo, innegabilmente, costituì un declassamento ecclesiologico con riflessi non indifferenti sul trattamento riservato loro dalla gerarchia ecclesiastica latina.

Penso su questo argomento si possa accogliere appieno il giudizio del Peri secondo il quale una Congregazione curiale, che restava un organo burocratico per quanto autorevole ed esperto, non era in grado di risolvere in modo adeguato un problema che, con quella occidentale, alla luce d'una lunga e obbligata vicenda storica, coinvolgeva un'altra chiesa.

Ogni soluzione unilaterale, non consensuale, soprattutto pragmatica e disciplinare poteva raggiungere singoli obiettivi pastorali, settoriali però ed immediati; ma per il modo in cui interveniva e per l'ispirazione teologica e canonica che la sorreggeva, era destinata ad accentuare la profonda divergenza tra le due chiese cristiane.

4. La pubblicazione degli atti greci del Concilio di Firenze [45]

Relativamente alle fonti e alla loro pubblicazione, nel periodo in questione, può essere utile soffermarsi su quelle relative al testo in lingua greca degli atti del Concilio di Firenze. Nelle sue ricerche sull' *Editio Princeps* degli atti greci di questo Concilio, Vittorio Peri muove da una osservazione non priva di interesse: "... presso entrambe le parti contraenti, la versione ufficiale e concordata di quanto s'era fatto a Ferrara e a Firenze – l'unica che avrebbe potuto fare testo in caso di contestazioni successive – andò subito incontro, dopo il faticoso e precario accordo, ad una stagione di disinteresse, se non addirittura di diffidenza, tanto diffusi da permettere o da causare la scomparsa della documentazione originale".[46] Questo fatto risulta effettivamente di particolare interesse per comprendere gli avvenimenti e la mentalità ad essi legata, ma soprattutto risulta di singolare significato soffermarsi sulle motivazioni e sulla visione di chiesa e di missione ecclesiale che si trovano a monte dell'onerosa edizione e gratuita distribuzione degli atti greci del Concilio stesso avvenuta nel 1577, contributo limitato ma peculiare, circa il ruolo assegnato dalla tradizione cattolica postridentina al concilio di Firenze.

La vicenda della pubblicazione degli atti si inserisce in un programma strettamente legato ai cambiamenti in atto più sopra accennati.

Prima ancora che il Concilio di Trento finisse cominciava la fortuna in Occidente di un'opera di Giovanni Plusiadeno, in difesa del precedente sinodo, alla quale gli ambienti cattolici conferirono maggior peso per la corrente e falsa attribuzione a Giorgio Scolario, che era stato patriarca di Costantinopoli. Da un generico amore per l'ellenismo e gli autori greci pagani, caratteristico della prima metà del XVI secolo, sembra si sia passati ad un'attenzione più orientata verso i manoscritti greci di contenuto sacro, in particolare contenenti gli atti e la

---

[45] particolare riferimento allo studio di V.PERI, *Ricerche sull'Editio Princeps degli atti Greci del Concilio di Firenze,* Città del Vaticano 1975

[46] *Ibid.*, p. 4

storia dei concili con la lunga coda di opuscoli controversistici. In questo filone culturale si situa la politica della Santa Sede volta a risultati d'ordine religioso, ecclesiastico e pratico. Nel citato studio il Peri intravede le "linee di un piano, finora ignorato, che mostra la Curia Romana in veste di interessata promotrice d'una pubblicazione, che, nella nuova luce, non è debitrice della propria realizzazione, almeno primariamente, ad uno scrupolo e ad un intento prevalente di miglioramento filologico e di crescita culturale".[47] Non mancò chi suggerisse correzioni strategiche del testo originale a favore della politica della Chiesa latina. Un documento interessante è la lettera del gesuita Francesco Torres al Cardinale Sirleto. Se pure le "correzioni" da lui ipotizzate non vennero accolte, si tradisce tuttavia una prospettiva metodologica che può aver incontrato qualche comprensione o assenso tra i responsabili o i membri dei gruppi di lavoro romani chiamati a operare sui testi dei concili ecumenici.

A noi interessa soprattutto, comunque sia, la politica di papa Gregorio XIII dentro la quale si inserisce l'edizione del 1577 degli atti greci del Concilio.

Altre tappe sono collaterali a questa: l'istituzione nel 1573 della Congregazione cardinalizia per la riforma dei Greci viventi in Italia; la fondazione pochi anni dopo del Collegio Greco di Sant'Atanasio; la ristrutturazione canonica dei Basiliani occidentali nel 1579.

Punto nodale sembra essere l'importanza che via via stava assumendo l'uso e la diffusione della stampa. Certamente non si poteva cedere alla propaganda protestante il monopolio del mezzo più moderno e capillare di comunicazione sociale, strumento che certo poteva offrire grandi potenzialità anche nella particolare situazione dei Greci. La politica di Venezia ed il regime turco "sottraevano automaticamente, infatti, questi cristiani, pur con evidenza scismatici ed eretici per le categorie ecclesiologiche postridentine, alla presa giuridica e coercitiva dei nuovi organismi centrali cattolici di inquisizione".[48]

---

[47] *Ibid.*, p. 8

[48] *Ibid.*, p. 11

In questo contesto si situa anche l'approvazione del fine di un organismo centrale creato, secondo l'espressione del latino curiale, *pro propaganda fide*, per organizzare cioè spedizioni di emissari e distribuzioni gratuite di testi appositamente stampati nelle lingue dei paesi di missione. Tale organismo fu approvato da Clemente VIII fin dal 1599 e confermato per un'analoga istituzione nel 1622.

Dunque secondo il Peri la pubblicazione del 1577 fu effettivamente realizzata ed intesa da chi la promosse e da chi la mandò ad effetto come uno strumento della politica di unione allora perseguita dalla Santa Sede e come risposta alle nuove capacità e potenzialità suggerite dal diffondersi sempre più della stampa.

Il 25 ottobre 1595 la Congregazione Pontificia per l'edizione dei concili generali dispose l'abolizione e la sostituzione del titolo e del numero d'ordine canonico del quale il detto concilio aveva sempre goduto e si sentì addirittura in grado di stabilire *"Quoad acta, adhibeatur diligentia, si possint reperiri Latina, et edantur; sin minus edantur Graeca cum traslatione Latina Abrahami castigata ubi opus fuerit. Servetur praeterea editio Graeca iussu Gregorii XIII"*. Le vicende dell'edizione possono illuminare, anche se genericamente, il successivo prendere forma e perfino il parziale trasformarsi per via, dei moventi ecclesiali predominanti dell'iniziativa pontificia per i concili generali.

Questa politica, se al termine giungerà ad essere un momento di arroccamento apologetico e di restaurazione difensiva, all'inizio, con Gregorio XIII, può essere considerata in una visione di positiva ripresa postconciliare e di fiduciosa espansione missionaria. Dopo Trento dunque si promosse una diffusione dei concili ecumenici volta ad una conoscenza tra il clero ed il laicato colto, utile alla vita della Chiesa come anche all'opera di recupero dell'Oriente ortodosso dallo stato di scisma in cui permaneva.

Fra Nicolò Stridoni, primo rettore del Collegio Greco di Roma, che nel 1579 si trovava in missione in Candia, fu uno dei maggiori diffusori, per incarico della Congregazione, degli atti greci del Concilio di Firenze pubblicati in Roma da Francesco Zanetti e ampiamente e gratuitamente distribuiti in Oriente. Un altro testo sembra fosse diffuso assieme agli atti conciliari. A giudizio del Peri si tratterebbe della *Breve raccolta delle costituzione monastiche di Santo Basilio Magno molto utile a tutti quelli che hanno eletto di fare vita monastica* in sostituzione del catechismo che inizialmente era stato scelto per la distribuzione in Oriente.

Dell'opera editoriale, che di fatto avvenne abbastanza in sordina poiché evidentemente ebbe molti oppositori, si hanno comunque numerose notizie. Tra queste una delle relazioni degli ambasciatori veneti a Roma, Antonio Tiepolo, trasferito direttamente da Costantinopoli il 3 novembre 1575 come Ambasciatore ordinario presso Gregorio XIII: "E per facilitare questa impresa (l'*unione*), (la Santità Sua) fa stampare libri greci cattolici, acciocché seminandosi questi fra loro, de' quali si trovano privi, possano anco più facilmente apprendere quello che conviene per la salute delle anime".[49] Dunque la stampa in greco e la gratuita distribuzione di testi come il Concilio di Firenze, unitamente al commento apologetico di Giuseppe di Metone, delle Regole di Basilio scelte e commentate dal cardinal Bessarione, rappresentano una precisa scelta di politica ecclesiale e assieme testimoniano che l'esperienza delle persone competenti individuava in modo del tutto comprensibile nel Concilio di Firenze, nella sua conoscenza e nella sua universale accettazione la strada più atta ad avviare verso la piena unità –religiosa, dottrinale, disciplinare– l'Oriente e l'Occidente.

Sempre il Tiepolo, nella stessa relazione offre un'altra interessante notizia delle idee ecclesiali del tempo nei confronti degli orientali: "Non mancano altre spese pure in opere pie, come quelle che ha fatto e fa tuttavia nel Collegio greco, eretto dalla Santità Sua nuovamente con pensiero che i figliuoli di questi, fatti cattolici né dogmi, pur conservando le cerimonie loro greche, a tempo più maturo tornando alle case loro imbevuti della vera dottrina, siano capaci di farvi

[49] A.TIEPOLO *Relazione di Roma* 1578 in: E.ALBERI, *Le relazioni degli Ambasciatori Veneti al Senato durante il secolo decimosesto,* X, (ser. II), Firenze 1857, p. 265-66

germinare la vera et santa religione, riunendo con questo mezzo ben veramente la Chiesa Greca con la Latina".[50]

Si immagina dunque come rimedio alla divisione il graduale propagarsi in tutte le regioni orientali di una chiesa, greca di lingua e di rito, ma guidata da una gerarchia docile alla dottrina e all'obbedienza romana. Ciò era purtroppo destinato al fallimento sia perché l'azione politica per l'*unione* non seppe o, più realisticamente, non poté esimersi dall'assegnare all'elemento politico una parte determinante ed eccessiva sia per l'anacronismo dei mezzi temporali individuati per realizzarlo.

Da parte latina, inoltre, si guardava all'*unione* ormai come ad un fatto individuale e di ridotte comunità religiose: il modello veniva di fatto offerto da quanto s'era potuto fino allora ottenere nei territori abitati sì da cristiani ortodossi, ma sempre soggetti alla protezione o alla diretta dominazione nazionale politica di potenze occidentali. "Più in generale -conclude il Peri nella sua riflessione sull'argomento- senza intenzione di offesa per i Greci ma anche senza eccessiva sensibilità psicologica nei loro confronti, il disegno di *unione* era comunemente ed ufficialmente concepito come "ridottione dei Greci" e le vie cercate erano esclusivamente quelle che si stimavano capaci di indurre ciascuno scismatico all' "obedientia de la Santa Sedia" e al debito ossequio, così dottrinale come canonico e disciplinare, al Romano Pontefice".[51]

---

[50] *Ibid*

[51] V.PERI, *Ricerche sull'Editio Princeps...*, p. 96

Capitolo IV
IL CONCILIO VATICANO II

1. I decenni precedenti al Concilio

Lo storico pontificato di Leone XIII, riproponendo in termini moderni la costante aspirazione unionistica della Chiesa cattolica, suscitò in occidente nuovo fervore di interessi e di simpatie per il cristianesimo orientale e le sue venerande tradizioni ecclesiali. Riacquistò, di riflesso, notorietà e conforto la persistente sopravvivenza del rito bizantino in Italia presso i monaci basiliani e gli Albanesi di Sicilia e di Calabria. Diversi autori, quasi sempre nativi dei luoghi ove queste comunità continuavano stentatamente ad esistere, si sentirono incoraggiati a ricercarne le memorie e le usanze religiose, e a descriverne le condizioni di decadenza e di ibridismo liturgico, in cui col tempo erano scadute. Spesso lo fecero col rimpianto nostalgico di pie consuetudini devote, ch'essi magari idealizzavano, quando erano ormai irrimediabilmente scomparse, e con un risentimento più o meno velato contro un atteggiamento di incompresione altera, se non di ostilità, persistente nei vescovi diocesani e nel clero latino delle epoche precedenti. La rinnovata stima, manifestata dal centro pontificio alla tradizione delle chiese d'Oriente sotto Leone XIII, apparve così un'occasione, per esprimere in pubblico e motivare con episodi e notazioni storiche, sentimenti a lungo covati da una tradizione locale. La prossimità o la coincidenza di molti uffici e riti sacri con quelli delle chiese separate d'Oriente con le quali Roma ricercava ancora una volta le vie dell'*unione*, alimentò d'altro canto la semplice speranza che una riconciliazione potesse trarre particolare incremento dall'illustrazione degli elementi comuni dell'organizzazione liturgica e disciplinare dell'Oriente, ancora legittimamente rappresentati dalle osservanze di qualche singola comunità in seno alla Chiesa cattolica moderna.

Riportarono l'attenzione in particolare sugli Italogreci diversi contributi di due riviste, nate a Roma sulla scia del rinnovato impulso alla riconciliazione delle chiese, che suscitarono l'enciclica *Preclara* del 20 giugno e la costituzione *Orientalium dignitas* del 30 novembre 1894 pubblicate da Leone XIII e seguite, il 13 marzo 1895, dall'istituzione di una commissione cardinalizia di otto cardinali e numerosi consultori *ad reconciliationem dissidentium cum Ecclesia fovendam.* Nel 1896 usciva il primo numero del "Bessarione", rivista in italiano nata con l'intenzione di avere poi un'edizione in greco e "Roma e l'Oriente" iniziata nel 1910 con sottotitolo sul frontespizio: "rivista criptoferratese per l'unione delle chiese". Tra i pionieri degli studi sull'Oriente cristiano, in questo nuovo clima più consapevole, ricordiamo il sacerdote francese, poi passato al rito orientale, Jean François Charon (1878-1959) che adottò il nome di Cyrille Karalevskij e poi Korolevskij. Tuttavia neppure il Korolevskij riuscì a superare la concezione ecclesiologica corrente, espressa, per lo più in forma fenomenologica piuttosto che teologicamente adeguata, per le comunità italiane di rito greco. Certo ne avvertì il limite. Nel 1931 scriveva: "Nel XVI secolo, sia i Patriarchi di Costantinopoli che gli Arcivescovi di Ocrida avevano esteso la loro giurisdizione sopra le colonie greche ed albanesi d'Italia, seguendo i loro antichi fedeli nell'emigrazione (…) I Papi della prima metà del secolo lasciavano fare (…); dopo la riforma tridentina si mostrarono più rigorosi e non tollerarono dissidenti (…). La storia delle chiese greche di Napoli, Bari, Barletta, Livorno, Ancona e soprattutto Venezia, non è che quella di un lungo malinteso. Considerati ufficialmente come cattolici, questi Greci non lo erano, e non volevano esserlo; difficilmente potevano diventarlo, allorché in Oriente non esisteva nessuna chiesa cattolica di rito bizantino. È quello che la Curia Romana non capì, e nemmeno i vescovi latini".[52]

Nel Breve *Orientalium dignitas* di Leone XIII, uno degli aspetti fondamentali è dato senza dubbio dal rapporto delle chiese orientali con l'uomo reale, in altri termini dal loro rapporto con il contesto storico-culturale proteso a superare la "tentazione diffusa, anche ai giorni nostri, sia in Oriente che in Occidente, di

[52] C.KOROLEVSKIJ, *Le vicende ecclesiastiche dei paesi italo-albanesi della Basilicata e della Calabria,* 1931 citato in V.PERI, *Chiesa Romana …* , p. 31-32.

considerare le chiese orientali come qualcosa di atemporale, avulse dalla realtà degli eventi, delle contingenze, delle miserie del mondo, una sorta di empireo di divina contemplazione. Concezione questa, che genera due tipi fondamentali di approccio: estetizzante e/o archeologizzante. Le chiese d'Oriente, diventano così, soprattutto per chi le "visita" dall'esterno, o degli oggetti di contemplazione-ammirazione estetica, oppure degli oggetti di ricerca "archeologica" per reperirvi residui di tradizioni, teologumeni, riti, consuetudini il più possibile arcaici al fine di trarne eventualmente qualche lezione di applicazione per l'Occidente. Tale immagine, certamente irreale e deformante, non giova, pensiamo, anzitutto agli stessi soggetti in questione in quanto li toglierebbe in qualche modo al tempo storico, luogo per eccellenza dell'evento salvifico e del suo compimento di generazione in generazione".[53]

Relativamente, tuttavia, ai risvolti nel contesto ecclesiale un autorevole storico della chiesa, valutando l'impatto concreto del *Breve* leonino, scrive: "i provvedimenti disciplinari ... non ebbero molto successo, perché furono ignorati dai religiosi che perseguivano il tradizionale processo di latinizzazione".[54] Gli avvenimenti successivi e una certa staticità della situazione spinge a condividere tale giudizio.

Non così fruttuosi, infatti, furono i pontificati immediatamente successivi e, in particolare, quello di Benedetto XV. L'interesse per la secolare vicenda degli Italogreci sembrò cedere, di nuovo, il passo ad altre preoccupazioni ecclesiali, culminanti nell'erudito tentativo di integrare e precisare il regime canonico delle chiese di rito greco nel più vasto progetto di un codice di Diritto Canonico Orientale avviato per volontà di Pio XI dal 1929 in poi.

Per quanto riguarda Benedetto XV è interessante ricordare il Motu Proprio *Dei Providentis,* con il quale il 1° maggio 1917 si rendeva autonoma la *Congregatio pro Ecclesia Orientali,* dalla *Congregatio de Propaganda Fide pro negotiis ritus*

---

[53] B.L. ZEKIYAN, *L'Oriente cristiano e i problemi dell'uomo contemporaneo,* «L'Osservatore Romano», 17-05-1995

[54] H. JEDIN, *Handbuch der Kirchengeschichte*, IX, Friburgo 1973: *Storia della Chiesa. La Chiesa negli Stati moderni e i movimenti sociali*, Milano 1979, p. 415

orientalis eretta da papa Pio IX il 6 gennaio 1862 con la Costituzione Apostolica *Romani Pontifices.*

La competenza della *Congregatio pro Ecclesia Orientali* fu notevolmente accresciuta da papa Pio XI con il Motu Proprio *Sancta Dei Ecclesia* del 25 marzo 1938. Interessante l'uso dell'espressione al singolare che si inserisce appieno nella tradizione ecclesiologica che accomuna tutte le esperienze orientali sopradescritte, sotto un unico denominatore per quanto riguarda la prassi curiale romana.[55]

Fu ancora Benedetto XV ad erigere nel 1919 un'eparchia per gli Italo-albanesi di Calabria e dell'Italia continentale. Pio XI nel 1937 costituì quella della Sicilia elevando, inoltre, a monastero esarchico il cenobio di Grottaferrata.

Fino ad oggi queste tre circoscrizioni sono entità canonicamente ben definite, indipendenti da ogni altra autorità locale, direttamente soggette alla Santa Sede. Possono organizzare in modo autonomo la pastorale e ogni iniziativa nell'ambito del diritto comune.

Questa nuova sistemazione canonica offrì la possibilità a queste comunità di ritrovare in modo unitario la propria identità e rafforzarla culturalmente, spiritualmente, disciplinarmente. In quanto diocesi in senso pieno, come tali entrano nella comunione delle chiese particolari nei vari livelli regionale e nazionale con la partecipazione, in seguito, alla Conferenza Episcopale.

---

[55] Fu Papa Paolo VI, con la Costituzione apostolica *Regimini Ecclesiae Universae* del 15 agosto 1967, a modificare il nome in *Congregatio pro Ecclesiis Orientalibus.*

I Papi Paolo VI (*Regimini Ecclesiae Universae*) e Giovanni Paolo II (*Pastor Bonus*) precisarono ulteriormente i compiti della Congregazione per le chiese Orientali, la quale esercita ad *normam iuris* sulle eparchie, sui vescovi, sul clero, sui religiosi e sui fedeli di rito orientale le facoltà che le Congregazioni per i Vescovi, per il Clero, per gli Istituti di vita consacrata e le Società di vita apostolica e per l'Educazione cattolica hanno rispettivamente sulle diocesi, sui vescovi, sul clero, sui religiosi e sui fedeli di rito latino. Ha inoltre autorità esclusiva sulle seguenti regioni: Egitto e penisola del Sinai, Eritrea ed Etiopia del Nord, Albania meridionale, Bulgaria, Cipro, Grecia, Iran, Iraq, Libano, Palestina, Siria, Giordania, Turchia e Afganistan.

2. L'ecclesiologia di comunione e l'ecumenismo

La categoria chiesa-sacramento di comunione propria del Vaticano II, è estremamente utile per comprendere la novità che con questo Concilio coinvolge il tema qui trattato. Essa è "espressione che opera un decentramento della Chiesa da se stessa, rimanendo totalmente incentrata in Cristo".[56]

Quest'ottica produce una attenzione nuova all'interno della Chiesa stessa dando ad ogni particolare, ad ogni suo membro, la giusta valorizzazione come anche un'attenzione nuova verso l'esterno, espressa dalle categorie di testimonianza e missione.

È qui che lo scandalo delle divisioni si manifesta nella sua gravità di disobbedienza al Cristo e incapacità di vivere la testimonianza missionaria: "tutti asseriscono di essere discepoli del Signore, ma la pensano diversamente e camminano per vie diverse, come se Cristo stesso fosse diviso. Tale divisione contraddice apertamente alla volontà di Cristo, ed è di scandalo al mondo e danneggia la santissima causa della predicazione del vangelo a ogni creatura".[57]

La Chiesa dunque non può non essere cattolica, cioè "capace di abbracciare il molteplice e a far spazio al diverso per essere veramente il segno di salvezza nell'universo, secondo la diversità dei popoli",[58] non può non essere una. La divisione è incompatibile con la natura stessa della Chiesa poiché essa possiede un'unica fede, un solo battesimo, un unico Signore, un solo corpo ed un solo Spirito. "L'unico popolo di Dio è dunque presente in tutte le nazioni della terra, poiché di mezzo a tutte le stirpi Egli prende i suoi cittadini, cittadini di un regno che per sua natura non è della terra, ma del cielo. E infatti tutti i fedeli sparsi per

---

56 S.Pié-Ninot, voce: *Chiesa, ecclesiologia fondamentale,* in R.Fisichella (a cura di), *Dizionario di Teologia Fondamentale,* Assisi 1990, p. 150

57 Concilio Ecumenico Vaticano II, decreto *Unitatis Redintegratio*, [d'ora in poi: UR] n. 1, EV 1/ 494

58 B.Mondin, *La Chiesa primizia del Regno*, Roma 1986, p. 145

il mondo sono in comunione con gli altri nello Spirito santo, e così "chi sta in Roma sa che gli indi sono sue membra"".[59]

Rispetto al Concilio Vaticano I interrottosi dopo la trattazione del tema del primato del pontefice, nel Concilio Vaticano II tema importantissimo è quello della collegialità dei vescovi e quindi il concretizzarsi, il rendersi visibile, della Chiesa nelle chiese locali o particolari: "I vescovi, invece, singolarmente presi, sono il principio visibile e il fondamento dell'unità nelle loro chiese particolari, formate a immagine della Chiesa universale, nelle quali e a partire dalle quali esiste la sola e unica Chiesa cattolica. Perciò i singoli vescovi rappresentano la propria chiesa, e tutti insieme col papa rappresentano tutta la Chiesa nel vincolo di pace, di amore e di unità".[60] Sempre al citato numero 23 la *Lumen Gentium,* costituzione sulla Chiesa promulgata il 21 novembre 1964, allarga lo sguardo su tutta l'ecumene cogliendo quale ricchezza la varietà e la sinfonia delle diverse chiese nell'unità: "Per divina provvidenza è avvenuto che varie chiese, in vari luoghi fondate dagli apostoli e dai loro successori, durante i secoli si sono costituite in molti gruppi, organicamente uniti, i quali, salva restando l'unità della fede e l'unica divina costituzione della Chiesa universale, godono di una propria disciplina, di un proprio uso liturgico, di un patrimonio teologico e spirituale proprio. Alcune fra esse, soprattutto le antiche chiese patriarcali, quasi matrici della fede, ne hanno generate altre che sono come loro figlie, con le quali restano fino ai nostri tempi legate da un più stretto vincolo di carità nella vita sacramentale e nel mutuo rispetto dei diritti e dei doveri. Questa varietà di chiese locali, fra loro concordi, dimostra con maggiore evidenza la cattolicità della Chiesa indivisa."

Questo testo della *Lumen Gentium* cita in nota come fondamenti canonici dell'istituzione delle antiche chiese patriarcali innanzitutto i canoni 6 e 7 del primo concilio ecumenico di Nicea; si tratta di una istituzione di diritto

---

[59] Concilio Ecumenico Vaticano II, Costituzione *Lumen Gentium*, [d'ora in poi: LG] n. 13, EV 1/ 319

[60] LG n. 23, EV 1 / 338

ecclesiastico. Perciò, il testo conciliare “non attribuisce la loro fondazione a una espressa volontà di Cristo, ma a una disposizione della divina Provvidenza. Per mantenere la "comunione regionale" in Oriente come in Occidente ci si appoggia alle sedi episcopali fondate, secondo la tradizione, dagli apostoli o da uno dei loro cooperatori immediati. Questa specie di divisione in regioni più o meno ampie non toglie niente né all'unità della fede né alla costituzione fondamentale indivisa della Chiesa universale”.[61] Ecclesiologicamente risulta molto importante questa riflessione anche perché il testo parla soprattutto delle antiche chiese patriarcali senza fare un espresso riferimento all'Oriente o all'Occidente.

---

[61] G.PHILIPS, *la Chiesa e il Suo Mistero,* Milano 1989, p. 275

3. L'Orientalium Ecclesiarum

L'esistenza della chiese orientali unite non viene percepita più come una concessione di autonomia rispetto alla Chiesa romana ma come un fatto, una realtà ecclesiale. La missione delle chiese orientali si configura come principalmente ecumenica e di ponte con le chiese ortodosse per la Chiesa cattolica. Certamente necessita un'identità più profonda, poiché l'esistenza di una chiesa non può essere strumentale, ma ha un fondamento in se stessa, per la santificazione di una porzione di popolo di Dio e la missione evangelica in un determinato territorio.

Alle chiese orientali fu dedicato, dal Concilio Vaticano II, il Decreto *Orientalium Ecclesiarum* (OE) promulgato il 21 novembre 1964 affinché "esse fioriscano ed assolvano con nuovo vigore apostolico la missione a loro affidata",[62] nella prospettiva che "la Chiesa cattolica e le chiese orientali separate convengano nella pienezza della comunione".[63] Lo stesso giorno venivano approvati e promulgati la Costituzione sulla Chiesa e il Decreto *Unitatis Redintegratio* sull'ecumenismo.

Importantissime sono le conseguenze delle affermazioni del decreto conciliare per cui la Chiesa cattolica non si identifica con la Chiesa latina, ma si compone di varie *chiese particolari o riti*, "cioè della Chiesa latina d'occidente e delle chiese orientali, le quali, sebbene siano in parte tra loro differenti in ragione di riti liturgici, di disciplina ecclesiastica e di patrimonio teologico e spirituale, sono tuttavia allo stesso modo unite tra loro nella fede, sacramentalità ed ecclesialità, e in piena comunione gerarchica con la Chiesa di Roma, riconoscendo il primato del ministero del Papa, vescovo di Roma, sulla Chiesa cattolica; il Decreto OE, 3, afferma che queste varie chiese sono allo stesso

---

[62] OE n. 1, EV 1/ 457

[63] OE n. 30, EV 1/ 491

modo affidate al pastorale governo del Romano Pontefice, il quale per volontà divina succede al Beato Pietro nel primato sulla Chiesa universale".[64]

Queste chiese particolari teologicamente e canonicamente si definiscono come "L'aggruppamento stabile di fedeli (clero, monaci, monache, religiosi, religiose e fedeli laici), organicamente congiunto da una gerarchia propria, il quale, nell'unità della Chiesa universale, vive e cresce nel suo patrimonio liturgico, teologico, disciplinare e spirituale".[65] Per descrivere dette realtà ecclesiali, così individuate nell'ecclesiologia conciliare, via via si ritenne sempre più inadatto il termine "rito" e così superata la visione e la terminologia del XVI secolo, dimentica della globalità ed incentrata sulla dimensione prettamente liturgica.

Salachas si sofferma sul parallelismo utilizzato nel concilio relativamente alle chiese orientali cattoliche e alle chiese patriarcali antiche e recenti non in comunione con Roma: parlando di queste ultime, "onde togliere ogni dubbio dichiara che esse, memori della necessaria unità di tutta la Chiesa, hanno potestà di reggersi secondo le proprie discipline, come più consone all'indole dei loro fedeli e più adatte a provvedere al bene delle anime. La perfetta osservanza di questo principio tradizionale, invero non sempre rispettata, appartiene a quelle cose che sono assolutamente richieste come previa condizione al ristabilimento dell'unità".[66] Se è vero che l'osservanza del diritto-dovere di reggersi secondo le proprie discipline canoniche appartiene a quelle cose che sono assolutamente richieste come previa condizione al ristabilimento dell'unità tra la Chiesa cattolica e le chiese ortodosse, lo è ugualmente per le chiese cattoliche orientali, affinché "fioriscano e assolvano con nuovo vigore apostolico la missione loro affidata" [67] e "vivano con maggior purezza e pienezza il proprio patrimonio,

---

[64] D.SALACHAS, *Il concetto ecclesiologico e canonico di "chiese Orientali"*, «Oriente Cristiano» 1-2, XXX (1990), p. 46

[65] *Ibid.*, p. 47

[66] UR n. 16, EV 1/552

[67] OE n. 1, EV 1/ 457

nella piena comunione con i loro fratelli che seguono la tradizione occidentale".[68]

Quanto detto assieme all'affermazione del numero 3 dello stesso decreto sulle chiese orientali per cui queste "godono di pari dignità, cosicché nessuna di loro prevale sulle altre per ragione di rito" cancella per sempre la concezione della cosiddetta *prestantia latini ritus*. "Proprio in un documento indirizzato agli Italo-Albanesi, nella Costituzione *Etsi Pastoralis,* del 1742, Benedetto XIV aveva così teorizzato questo principio, applicato poi nei rapporti con tutti gli altri orientali cattolici: *Ritus enim latinus propter suam præstantiam, eo quod sit ritus Sanctæ Romanæ Ecclesiæ omnium Ecclesiarum Matris et Magistræ supra græcum ritum prævalet* (II, XII)".[69]

---

[68] UR n. 17, EV 1/ 554

[69] E.F.FORTINO, *La fisionomia di una Chiesa orientale cattolica nel Concilio Vaticano II,* «Oriente Cristiano» 3, XXIX (1989), p. 8

4. La funzione delle *chiese unite* secondo il Concilio

Nel citato articolo sulla fisionomia di una chiesa orientale cattolica nel Concilio Vaticano II, Eleuterio Fortino evidenzia in quattro punti le funzioni delle *chiese unite*: all'interno di esse; all'interno della Chiesa cattolica; all'interno dell'ecumene cristiana; per portare l'evangelo a tutte le genti.

Prima funzione è dunque il provvedere al bene delle anime attraverso un'azione pastorale corrispondente ai loro costumi, alla loro indole, alle loro reali necessità.

All'interno della Chiesa cattolica "necessita che si crei una mirabile comunione, una fraterna cooperazione, una fedele testimonianza comune. Il decreto nota che tutti i fedeli della Chiesa cattolica "sono organicamente uniti nello Spirito Santo da una stessa fede, dagli stessi sacramenti e da uno stesso governo". La varietà quindi che si manifesta ad altri livelli non intacca l'unità. Il decreto è esplicito: poiché nella Chiesa cattolica esiste questa così descritta comunione, la varietà nella Chiesa non solo non nuoce alla sua unità ma la manifesta. La Chiesa è cattolica, universale e non si esprime esaurientemente in nessuna singola tradizione. (...) Mentre nel tempo della Controriforma la Chiesa latina andava rinchiudendosi nelle strettoie di una sola tradizione rischiando di imprigionarvisi, la presenza di orientali cattolici con la tensione che generavano nei vari campi di dottrina, di liturgia e di disciplina, hanno mantenuto la Chiesa aperta alla sua naturale dimensione universale".[70]

Altro *speciale ufficio* è quello di promuovere l'unità, specialmente con gli orientali. Per questo scopo il decreto ha un'annotazione specifica sottolineando che per promuovere l'unità con gli ortodossi si richiede "la scrupolosa fedeltà alle antiche tradizioni orientali".[71]

---

[70] *Ibid.*, p. 15

[71] OE n. 24, EV 1/ 485

Concludendo relativamente alle funzioni il decreto al numero 3 ribadisce che "le chiese orientali cattoliche fruiscono degli stessi diritti e sono tenute agli stesso obblighi, anche per quanto riguarda la predicazione in tutto il mondo".

Così riassume Fortino riflettendo sulla missione della Chiesa albanese nel nostro tempo: "Il decreto sulle chiese orientali cattoliche ha espresso l'auspicio, anzi il desiderio, che le chiese orientali "fioriscano e assolvano con nuovo vigore apostolico la missione loro affidata" (OE 11). E la loro missione come per ogni chiesa, è di estendere il *Kerygma* cristiano, di perpetuare l'insegnamento approfondito della fede (la *didaskalia*) di elevare continuamente – con sempre più estesa e migliore partecipazione – la grande *doxologia* al Signore".[72]

Tra gli impegni assunti dalla Chiesa in Concilio per realizzare quanto descritto troviamo il ripristino dei diritti e privilegi dei Patriarchi orientali vigenti al tempo dell'*unione* dell'Oriente e dell'Occidente pur adattati alle odierne condizioni, nonché, chiudendo definitivamente un periodo di gravi latinizzazioni, il provvedere affinché possa essere conservato e rinnovato il patrimonio e l'autentica tradizione orientale.

[72] E.F.FORTINO, *La fisionomia di una Chiesa orientale ...* , p. 18

5. Il Codex Canonum Ecclesiarum Orientalium

Nonostante sia stato promulgato solamente nel 1990 *il Codex Canonum Ecclesiarum Orientalium* (CCEO) rappresenta un documento importantissimo dell'ecclesiologia e del rinnovamento apportato dal Concilio Vaticano II.

A metà del 1972 il sommo pontefice Paolo VI istituì la "Pontificia Commissione per la revisione del Codice di diritto canonico orientale" stabilendo che la precedente Commissione, che era stata eretta nel 1935 "per la redazione" del Codice di diritto canonico orientale, terminasse.[73] Il mandato affidato dal Sommo Pontefice alla Commissione fu quello di revisionare a fondo tutto il Codice, alla luce soprattutto dei decreti del Concilio Vaticano II.

Nella prima riunione dell'assemblea plenaria della Commissione –18/23 marzo 1974- cui parteciparono anche osservatori delle chiese orientali acattoliche, furono approvati alcuni principi guida: " 1) tutto ciò che è stato tramandato circa un unico codice per tutte le chiese orientali, tenuto conto dell'unico patrimonio dei sacri canoni, deve anche corrispondere pienamente alle odierne circostanze della vita; 2) l'indole del Codice sia veramente orientale, cioè sia conforme alle richieste del Concilio Vaticano II sull'osservanza delle proprie discipline orientali in quanto "si raccomandano per venerata antichità, sono maggiormente corrispondenti ai costumi dei loro fedeli e più adatte a provvedere al bene delle loro anime" (OE 5); 3) il Codice sia pienamente adatto alla particolare funzione affidata dal Concilio Vaticano II alle chiese orientali cattoliche, di favorire l'unità di tutti i cristiani, specialmente degli orientali (...); 4) il Codice sia, com'è naturale, di indole giuridica: perciò definisca e tuteli chiaramente i diritti e doveri delle singole persone fisiche e giuridiche tra di loro, come pure verso la società ecclesiastica; 5) nel Codice, oltre alla giustizia, si tenga conto della carità e della benevolenza, della temeranza e della moderazione, si cerchi di favorire al massimo il bene delle anime (...); 6) il cosiddetto principio di sussidiarietà sia conservato nel Codice, perciò questo non contenga se non quelle leggi che (...)

[73] Cfr Pref. CCEO, EV 12/ p. 55 ss.

si ritengono dover essere comuni a tutte le chiese orientali cattoliche, demandando tutte le altre al diritto particolare delle singole chiese".[74]

Questi dunque furono i capisaldi a partire dai quali i membri della commissione lavorarono protraendo la loro opera praticamente per quindici anni.

Giunti al momento della presentazione del Codice è interessante notare l'uso dei termini poiché quello che avrebbe dovuto essere il "Codice di diritto canonico orientale", con terminologia tipicamente occidentale è stato promulgato come "*Codice dei canoni delle chiese orientali*" con espressione più conforme agli usi canonici delle chiese interessate. Con questo titolo fu presentato dunque al Sommo Pontefice, il 28 gennaio 1989, e fu da questi promulgato il 18 ottobre 1990 con la Costituzione apostolica *Sacri Canones.*[75]

La Commissione ha lungamente discusso sulla questione della nozione e dei termini di *Chiesa particolare* e di *Rito* usati nel Decreto OE. Nel frattempo il nuovo codice della Chiesa latina (CIC) promulgato nel 1983 utilizzò il termine "chiese particolari" per indicare le diocesi, chiamate del diritto orientale *eparchìe*. Il can. 368 CIC prescrive che "Le chiese particolari, nelle quali e dalle quali sussiste la sola e unica Chiesa cattolica, sono innanzitutto le diocesi". La stessa terminologia viene recepita dal CCOE che al can. 177 § 1 definisce l'eparchia "Chiesa particolare nella quale veramente è presente (*inest*) e opera la Chiesa di Cristo, una, santa, cattolica e apostolica", ossia la *Ecclesia universa.* Al can. 27 si tenta di dare una definizione delle chiese orientali, sostituendo l'espressione *Ecclesia particularis*, usata dal decreto OE con l'espressione "*Ecclesia sui iuris",* cioè "chiese di diritto proprio", in quanto dette chiese si reggono secondo uno statuto speciale loro proprio.

Salachas fa notare come, sebbene il Codice riguardi tutte e sole le chiese orientali cattoliche, "non tutte le 21 chiese orientali cattoliche oggi esistenti sono *Ecclesiæ sui iuris* dal punto di vista giuridico e formale. (...) La locuzione *sui iuris* non è nuova, ma è stata ripresa da un canone tratto dalle parti del Codice

[74] *Ibid.*, p. 57

[75] EV 12/ 507-530

orientale promulgate da Pio XII e precisamente dal can. 303 §1".[76] In esso si parlava tuttavia di *Ritus sui iuris*, ossia si attrivuiva lo stato giuridico di *sui iuris* a un rito, come se questo fosse un ente giuridico, ciò che, come abbiamo visto, non è esatto.

Il canone 27 recita dunque: "Si chiama, in questo Codice, Chiesa *sui iuris*, un raggruppamento di fedeli cristiani congiunto dalla gerarchia, a norma del diritto, che la suprema autorità della Chiesa riconosce espressamente o tacitamente come *sui iuris."*

Nei documenti preparatori il canone 27 aveva un secondo comma, nella stesura definitiva inserito come secondo comma in un nuovo successivo canone. Questo enumera le cinque tradizioni, dalle quali provengono i vari Riti: Alessandrina, Antiochena, Armena, Caldea e Costantinopolitana. Significativo l'intervento di uno dei membri della commissione che propose di aggiungere anche la tradizione "romana" in quanto nel CIC non esiste un simile testo che espliciti quali siano le maggiori tradizioni della Chiesa. Fu tuttavia deciso che "Conformemente al can. 1 occorre limitarsi ai soli riti orientali";[77] esso recita infatti: "i canoni di questo codice riguardano tutte e sole le chiese orientali cattoliche, a meno che, quanto alle relazioni con la Chiesa latina, non sia stabilito diversamente".[78] Sembra dunque che si possa pensare legittimamente anche alla Chiesa latina come riconducibile a questa idea di fondo, considerandola dunque una delle chiese *sui iuris* che compongono l'unica indivisibile Chiesa cattolica. In questa linea l'intervento di Péter Erdö ad un recente convegno sulle chiese unite: "Una delle chiese rituali è la Chiesa latina, anche se secondo il numero dei fedeli è la più grande comunità all'interno della

---

[76] D.SALACHAS, *Istituzioni di Diritto canonico delle chiese cattoliche orientali,* Bologna 1993, p. 63

[77] Crf. *Nuntia,* 28 (1989), p. 19

[78] Le tradizioni orientali menzionate nel can. 28 CCOE sono perciò cinque: tre nell'ambito dell'Impero Romano: Antiochia (con Gerusalemme), Alessandria, Costantinopoli (con la Cappadocia); due ai margini dell'Impero: la Caldea ossia la Siro-orientale per la Mesopotamia e la Persia, e l'Armena derivata dalla tradizione cappadoco-costantinopolitana.
Cfr. D.SALACHAS, *Il concetto ecclesiologico ...* , p. 51

Chiesa cattolica".[79] È, inoltre, da notare come la tradizione costantinopolitana risulti elencata all'ultimo posto; anche se non è possibile intrattenersi su questo argomento è da ricordare che la scelta non fu senza lunghe discussioni.

L'autonomia delle chiese in questione non deve destare stupore. Non la si intende infatti nel senso dell'autocefalia delle chiese ortodosse in quanto "è ben delimitata dal diritto stabilito dalla suprema autorità, cioè dal Romano Pontefice, di cui ai cann. 43-48, e il Collegio dei Vescovi *assieme al suo capo e mai senza questo capo* (cann. 49-54)".[80]

---

[79] P.ERDÖ, *La "Chiesa unita" e la sua collocazione nella cattolicità,* Convegno internazionale, *L'esperienza delle Chiese unite....* Seriate 27-28 aprile 2001. In «La nuova Europa» 5 (2001).

[80] D.SALACHAS, *Istituzioni di Diritto canonico ... ,* p. 63

6. L'unione

Il cammino percorso dalla Chiesa durante i secoli e in particolare durante gli ultimi decenni conduce dunque ad una riflessione più nitida sul tema dell'*unione* nonostante resti aperto l'argomento spesso spinoso delle chiese unite nelle difficili relazioni con le chiese ortodosse in alcuni paesi particolarmente nell'Europa dell'Est.

Le riflessioni emerse dal Concilio Vaticano II e codificate nel CCOE hanno permesso uno sviluppo nuovo del dialogo ecumenico.

Alcuni punti fermi si possono tracciare per definire, in conclusione, l'argomento dell'*unione* nella sua visione ecclesiologica.

Innanzitutto il Concilio ha espresso un modo nuovo di guardare agli scismi e a coloro che vivono la loro esperienza di fede come cristiani battezzati anche se non nella Chiesa cattolica. Al numero 2 dell'*Unitatis Redintegratio* si sottolinea la responsabilità comune negli scismi in quanto alle colpe storiche e al contempo la non responsabilità dei singoli figli delle chiese divise: "In questa Chiesa di Dio una e unica sono sorte fino dai primissimi tempi alcune scissioni, che l'Apostolo riprova con gravi parole come degne di condanna; ma nei secoli posteriori sono nati dissensi più ampi e comunità non piccole si sono staccate dalla piena comunione della Chiesa cattolica, talora non senza colpa di uomini d'entrambe le parti. Quelli poi che ora nascono e sono istruiti nella fede di Cristo in tali comunità non possono essere accusati del peccato di separazione, e la Chiesa cattolica li abbraccia con fraterno rispetto e amore. Quelli infatti che credono in Cristo e hanno ricevuto debitamente il battesimo sono costituiti in una certa comunione, sebbene imperfetta, con la Chiesa cattolica".[81] Il primo impegno non è dunque quello di convertire cristiani battezzati alla Chiesa cattolica anche perché "giustificati nel battesimo dalla fede, sono incorporati a Cristo e perciò sono a ragione insigniti del nome di cristiani e dai figli della

---

[81] UR n. 3, EV 1/ 503

Chiesa cattolica sono giustamente riconosciuti come fratelli nel Signore".[82] L'impegno nei confronti delle chiese divise e in particolare quelle orientali non cattoliche non è dunque la conversione dei suoi fedeli, che già sono cristiani, bensì il superamento delle divisioni con gli strumenti che con attenzione il testo conciliare cerca di evidenziare al numero 4 dello stesso documento: "tutti gli sforzi per eliminare parole, giudizi e opere che non rispecchiano con equità e verità la condizione dei fratelli separati e perciò rendono più difficili le mutue relazioni con essi; poi, nei congressi che si tengono con intento e spirito religioso tra i cristiani di diverse chiese o comunità, il "dialogo" avviato tra esponenti debitamente preparati, nel quale ognuno espone più a fondo la dottrina della propria comunità e ne presenta con chiarezza le caratteristiche. Infatti con questo dialogo tutti acquistano una conoscenza più vera e una più giusta stima della dottrina e della vita di entrambe le comunioni, e inoltre quelle comunioni conseguono una più ampia collaborazione in qualsiasi dovere richiesto da ogni coscienza cristiana per il bene comune e, nel modo come è permesso, si radunino per pregare insieme. Infine, tutti esaminano la loro fedeltà alla volontà di Cristo circa la Chiesa e, com'è dovere, intraprendono con vigore l'opera di rinnovamento e di riforma" e ancora relativamente alla meta sperata e attesa: "superati gli ostacoli che impediscono la perfetta comunione ecclesiastica, tutti i cristiani, in un'unica celebrazione dell'eucaristia, si riuniscano in quella unità dell'una e unica chiesa, che Cristo fin dall'inizio donò alla sua chiesa, e che crediamo sussistere, senza possibilità di essere perduta, nella Chiesa cattolica e speriamo che crescerà ogni giorno più fino alla fine dei secoli". In particolare a riguardo delle chiese orientali nei confronti delle quali si descrive una particolare vicinanza sacramentale: "il sacro concilio spera che, tolta la parete che divide la Chiesa occidentale dall'orientale, si avrà finalmente una sola dimora solidamente fondata sulla pietra angolare, Cristo Gesù, il quale di entrambe farà una sola".[83]

---

[82] *Ibid*

[83] UR n. 16, EV 1/ 552

Torna dunque l'antico profondo anelito all'unione non con una chiesa particolare ma con la Chiesa d'oriente vista come un tutt'unico, meglio, vista in quella dimensione conciliare del ritrovarsi di tutti cui culmine è la celebrazione comune dell'Eucaristia.

Anche nei dialoghi internazionali tra cattolici e ortodossi si è dato inizio ad una riflessione importantissima relativamente alla distinzione tra l'*esistenza* delle chiese unite e il *metodo* dell'*uniatismo* che minerebbe a dividere le chiese ortodosse o a non considerare la loro realtà ecclesiale. In particolare, per questa tematica, si può ricordare l'incontro della Commissione mista tenutosi a Freising nei giorni 6-15 giugno 1990. In questo incontro "un'altra dimensione che è emersa, è quella tra chiese orientali cattoliche e proselitismo. Non di rado gli ortodossi considerano l'esistenza stessa delle chiese orientali cattoliche come un atto di proselitismo pratico. Il comunicato di Freising contiene invece un rifiuto del proselitismo di cattiva lega nella sua forma più generale (...) e dichiara: "noi crediamo che il dialogo –che è il mezzo più giusto per tendere all'unità- è anche il modo più idoneo per affrontare i problemi, in particolare quello dell'uniatismo, per questo dobbiamo continuarlo". (...) Lo stesso documento, da una parte afferma che la libertà religiosa delle persone e delle comunità non è soltanto un diritto che deve essere totalmente rispettato, ma anche un dono dello Spirito in vista dell'edificazione del Corpo di Cristo. Dall'altra si aggiunge che la libertà religiosa [84] esige una collaborazione fraterna dei pastori, allo scopo di guarire le ferite del passato e prevenire a guidare i fedeli verso una riconciliazione profonda e durevole".[85]

---

[84] Il tema della libertà religiosa è certamente uno dei temi innovativi del Vaticano II strettamente legato agli aspetti evidenziati in quest'ultimo capitolo. La Dichiarazione *Dignitatis Humanæ* (EV 1/1042-1086) al n. 2 afferma infatti: "Questo concilio vaticano dichiara che la persona umana ha diritto alla libertà religiosa. Tale libertà consiste in questo, che tutti gli uomini devono essere immuni dalla coercizione da parte di singoli, di gruppi sociali e di qualsivoglia potestà umana, così che in materia religiosa nessuno sia forzato ad agire contro la sua coscienza è sia impedito, entro debiti limiti, di agire in conformità alla sua coscienza privatamente o pubblicamente, in forma individuale o associata."

[85] E.F.FORTINO, *Il dialogo con l'Ortodossia e le chiese orientali cattoliche,* «Oriente Cristiano» 3, XXX (1990), pp. 7-8

Anche il S.Padre Giovanni Paolo II nella sua lettera ai Vescovi europei del 31 maggio 1991 su questo argomento afferma: "L'unità che si persegue - e si deve perseguire - è la piena comunione in una sola fede, nei sacramenti e nel governo ecclesiale, nel pieno rispetto della legittima varietà liturgica, disciplinare e teologica (...) Da ciò provengono conseguenze pratiche ed immediate." Tra queste: "il rifiuto di ogni forma indebita di proselitismo, evitando in modo assoluto nell'azione pastorale qualsiasi tentazione di violenza e qualsiasi forma di pressione. L'attività pastorale, tuttavia, non potrà non rispettare la libertà di coscienza e il diritto che ciascuno ha di aderire, se vuole, alla Chiesa cattolica. Si tratta, in definitiva, di rispettare l'azione dello Spirito Santo, che è Spirito di verità".[86]

Dopo il congelamento del dialogo cattolico-ortodosso, proprio a seguito delle problematiche legate al riemergere dei fedeli *uniti* nell'est europeo, i viaggi del S.Padre Giovanni Paolo II in Grecia e in Ucraina durante l'anno 2001, fanno sperare che si possa riprendere il percorso di riconciliazione e dialogo per il raggiungimento dell'unità.

---

[86] GIOVANNI PAOLO II, Lettera *Mentre si intensificano. A tutti i vescovi d'Europa sui rapporti tra cattolici e ortodossi nella nuova situazione dell'Europa dell'est,* 31-05-1991. EV 13/ 402-404

Conclusione

Certamente si è evidenziato cammin facendo il ruolo importantissimo, da un punto di vista ecumenico, delle chiese orientali *sui iuris*, come anche l'ostacolo che la loro esistenza in maniera paradossale pone nelle relazioni tra cattolici ed ortodossi. Soffermarsi eccessivamente sul ruolo ecumenico di queste chiese, dimenticando gli altri aspetti che abbiamo tentato di richiamare, comporta un rischio assai grave, quello cioè di subordinare l'esistenza di alcune comunità cristiane al persistere di una situazione di divisione tra cattolici e ortodossi, quasi non avessero una loro identità ecclesiale. Più grave ancora il timore che si possa continuare a decidere, certamente spinti da esigenze pastorali o storiche importanti, della vita spirituale, liturgica, ecc. di questi fedeli talvolta costretti a latinizzarsi, altre volte impediti ad ogni cambiamento o anche, in qualche modo, "costretti" a ricuperare un rito, non perché lo volessero ma perché ciò risultava utile per l'ecumene cristiana. Non è un prezzo da poco quello che si è chiesto di pagare, e che rischieremmo di chiedere ancora senza che siano chiari i principi ecclesiologici che reggono l'esistenza di queste chiese. "Le chiese ortodosse, scrive L'Arcivescovo Maggiore di Ukraina, di solito dicono che noi greco-cattolici dovremmo diventare ortodossi o passare ai latini. Sono rari gli ortodossi che vedono una ragione per nostra esistenza. L'atteggiamento generale è: "sarebbe meglio se voi non esisteste!". E da ultimo, come ci vediamo noi? Quando abbiamo concluso questa Unione e confermata la nostra comunione nel 1596, il Santo Padre disse: "*per vos meos Ruthenos, Orientem convertendum spero*" e noi abbiamo vissuto secondo questo programma almeno fino ai tempi di Szeptycki, il quale ha cercato di cambiare rotta. Dopo di lui è stato detto che noi greco-cattolici siamo un ponte. Suona bene, ma l'immagine non è molto felice, perché il ponte collega ma non fa niente. Perciò abbiamo trovato un'espressione più significativa: vogliamo essere mediatori. (...) Finché esisteremo (perché forse verrà un momento in cui il nostro compito provvidenziale sarà finito) il nostro desiderio sarà quello di mantenere un dialogo sincero e aperto sia con gli uni che con gli altri".[87] Dovranno le chiese unite scomparire dunque se si farà finalmente l'unità? Il problema è complesso e comporta ancora una volta il rischio che si decida della vita ecclesiale di cristiani che vivono secondo una loro tradizione segnata, tra l'altro, dalla sofferenza e dal martirio. Esistono già oggi convivenze sullo stesso territorio di chiese di tradizione latina e chiese di tradizione orientale. La stessa esperienza avviene anche per le chiese ortodosse; in Ungheria, per esempio, ben cinque patriarcati ortodossi hanno, su tutto il territorio nazionale, una loro giurisdizione propria e parallela per la cura di fedeli di tradizioni e provenienze diverse. "Anche nel caso di una eventuale piena comunione o ritrovamento della pienezza della comunione con queste chiese cristiane (ortodosse) rimarrebbe o potrebbe rimanere pienamente giustificata la persistenza, a volte pure sullo stesso territorio di chiese cattoliche che avevano già prima questa piena comunione con il successore di Pietro. Tuttavia persisterebbe anche la possibilità che più chiese cattoliche "sui iuris" si uniscano tra di loro".[88]

Pensiamo di poter concludere con un invito di speranza e uno sguardo da parte ortodossa su questo lembo di storia qui svolto citando la conclusione dell'omelia di Sua Santità il Patriarca Ecumenico Bartholomeos durante l'ufficiatura del Vespro al monastero benedettino di Chevetogne in Belgio, il 15 novembre 1994: "Dopo i tristi eventi della Quarta Crociata a spese dell'Oriente ortodosso, assistiamo ad una vera conquista dell'Occidente da parte dell'arte bizantina. I notevoli mosaici che, nel XIII secolo, adornano la chiesa di Santa Maria Maggiore a Roma e il Battistero di Firenze sono altrettanti tipici esempi della fedele riproduzione d'originali bizantini in quell'epoca. Parimenti i Padri greci iniziano allora a essere conosciuti in Occidente e, verso la fine del XIII secolo, alla tetrade dei Dottori della Chiesa, i Santi Ambrogio, Girolamo, Agostino e

---

87 L.HUSAR, *La Chiesa greco-cattolica in Ukraina oggi*, Convegno internazionale, *L'esperienza delle Chiese unite....* Seriate 27-28 aprile 2001. In «La nuova Europa» 5 (2001).

88 P.ERDÖ, *La "Chiesa unita" e la sua collocazione nella cattolicità*, Convegno internazionale, *L'esperienza delle Chiese unite....* Seriate 27-28 aprile 2001. In «La nuova Europa» 5 (2001).

Gregorio Magno, s'aggiunse la tetrade orientale dei Santi Atanasio, Basilio, Gregorio e Giovanni Crisostomo.

Similmente l'emorragia dell'Ortodossia a causa dell'uniatismo ha provocato la trasfusione di sangue orientale nella Chiesa d'Occidente, che era ormai chiamata ad uscire dal suo isolamento all'interno della latinità. È un dato di fatto che l'esistenza dell'uniatismo e gli sforzi dispiegati per la sua espansione, hanno costituito il primo impulso allo studio dei Padri Greci da parte dei teologi d'Occidente. È ugualmente vero che questo studio mirava principalmente alla scoperta di argomenti patristici contro l'Ortodossia. Tuttavia lo studio dei Santi d'Oriente, così come di testi liturgici orientali, ha finalmente dato luogo alla scoperta di tesori ignorati dell'Ortodossia e alla constatazione che l'Occidente ha molto da imparare alla scuola dell'Oriente. Noi crediamo che Dio, nella Sua Saggezza, utilizzi vie misteriose per il compimento dei Suoi disegni. Ecco perché abbiamo la convinzione che, qualunque sia il numero degli ostacoli che oggi possono sorgere, si riveleranno finalmente dei mezzi per la realizzazione del Disegno divino per la salvezza degli uomini".[89]

---

[89] in «Oriente Cristiano» 3-4, XXXIV (1994), p. 59

Bibliografia

GIOVANNI PAOLO II, *Lettera Apostolica per i 350 anni dell'unione di Uzhorod,* «Osservatore Romano» 22/23-04-1996

GIOVANNI PAOLO II, Lettera *Mentre si intensificano. A tutti i vescovi d'Europa sui rapporti tra cattolici e ortodossi nella nuova situazione dell'Europa dell'est,* 31-05-1991. EV 13/ 402-404

G. ALBERIGO, *Chiesa Conciliare. Identità e significato del Conciliarismo,* Brescia 1981

J. GILL, *Il Concilio di Firenze*, Firenze 1967

V. PERI, *Ricerche sull'Editio Princeps degli atti del concilio di Firenze*, Città del Vaticano 1975

V. PERI, *Chiesa romana e "rito greco". G.A. Santoro e la Congregazione dei Greci (1566-1596),* Brescia 1975

A.M. AMMAN, *Storia della Chiesa Russa e dei paesi limitrofi*, Torino 1948

R. AUBERT – G.FEDALTO – D.QUAGLIONI, *Storia dei Concili,* Cinisello Balsamo 1995

D.SALACHAS, *Istituzioni di diritto canonico delle chiese cattoliche orientali,* Roma e Bologna 1993

H.JEDIN, *Handbuch der Kirchengeschichte*, IX, Friburgo 1973: *Storia della Chiesa. La Chiesa negli Stati moderni e i movimenti sociali*, Milano 1979

G.PHILIPS, *La Chiesa e il suo mistero,* Milano 1989

B.MONDIN, *La Chiesa primizia del Regno,* Roma 1986

Y.CONGAR, *Vera e falsa riforma nella Chiesa,* Milano 1994

L'esperienza delle chiese unite e il suo significato per il futuro del cattolicesimo e del dialogo ecumenico in Russia, Convegno internazionale. Seriate 27-28 aprile 2001.
In «La nuova Europa» 5 (2001)

In «La nuova Europa» 5 (2001)

INDICE

Printed by Books on Demand GmbH, Norderstedt / Germany